旅游商品开发与设计

LVYOU SHANGPIN KAIFA YU SHEJI

黄磊 主编

吉林大学出版社

长春

图书在版编目（CIP）数据

旅游商品开发与设计 / 黄磊主编. -- 长春：吉林大学出版社，2022.8
ISBN 978-7-5768-0317-4

Ⅰ.①旅… Ⅱ.①黄… Ⅲ.①旅游商品—开发②旅游商品—设计 Ⅳ.①F590.63

中国版本图书馆 CIP 数据核字 (2022) 第 152501 号

书　　名：旅游商品开发与设计
　　　　　LVYOU SHANGPIN KAIFA YU SHEJI

主　　编：黄　磊
策划编辑：李承章
责任编辑：赵　莹
责任校对：周　鑫
装帧设计：董佳琪
出版发行：吉林大学出版社
社　　址：长春市人民大街 4059 号
邮政编码：130021
发行电话：0431-89580028/29/21
网　　址：http://www.jlup.com.cn
电子邮箱：jdcbs@jlu.edu.cn
印　　刷：三河市嵩川印刷有限公司
开　　本：787mm×1092mm 1/16
印　　张：11.5
字　　数：140 千字
版　　次：2023 年 1 月　第 1 版
印　　次：2023 年 1 月　第 1 次
书　　号：ISBN 978-7-5768-0317-4
定　　价：58.00 元

版权所有　翻印必究

前　言

　　旅游业可以有效地开拓消费空间、增加就业岗位，并且可以带动相关产业的快速发展。进入新时代，中国人民对美好生活的需求日益增长，旅游消费不断增加，旅游商品的消费量也随之增大，因此，旅游商品产业在旅游业中扮演越来越重要的角色。旅游商品既有满足游客购物需求的价值，又有传播旅游目的地形象的价值。目前，中国居民的旅游商品消费需求正处于快速增长阶段，中国已经成为世界上最大的旅游商品生产工厂和消费市场。旅游商品的价值体现在满足旅游者的消费需求和"旅行留念"心理需求两个方面，因此，具有地域文化特色的原创性旅游商品的开发与设计至关重要。旅游产业开发特色旅游商品，不仅可以满足游客的需求，还可以促进旅游目的地文化的传播，带动当地经济、社会和文化的发展。

　　目前，国内旅游商品数量很多，但同质性非常严重，旅游商品产业仍然存在"样式陈旧"和"山寨模仿"等问题。所以，我国旅游商品的开发与设计需要摆脱初级阶段，向文化创意阶段迈进。旅游商品企业在开发和设计旅游商品的过程中，需要深入挖掘当地的特色文化，形成独特的文化创意，最终为旅游商品注入丰富的文化内涵。本书从旅游商品消费者需求分析入手，介绍旅游商品消费者与消费行为的理论、旅游商品的质量与标准的内容，进而着重阐述旅游商品的开发与设计的理论与实践，最后对旅游商品的知识产权保护问题进行系统的梳理。

目 录

第一章 旅游商品概述 ··· 1

    第一节 旅游商品的概念与特征 ································· 3

    第二节 旅游商品分类 ·· 8

    第三节 旅游商品市场营销 ··· 14

第二章 旅游商品消费者与消费行为 ····················· 23

    第一节 旅游商品消费者 ·· 25

    第二节 旅游商品消费者需求分析 ····························· 29

    第三节 旅游商品消费行为 ··· 35

第三章 旅游商品的质量与标准 ································ 47

    第一节 旅游商品质量 ·· 49

    第二节 旅游商品标准 ·· 65

第四章 旅游商品开发与规划 ···································· 77

    第一节 旅游商品开发与规划的原则与依据 ············· 79

    第二节 旅游商品开发与规划的内容 ························· 88

第三节　旅游商品开发与规划的措施 …………… 91

第五章　旅游商品设计 …………………………… 111

第一节　旅游商品设计概述 ………………………… 113

第二节　旅游商品的造型设计 ……………………… 124

第三节　旅游商品的包装设计 ……………………… 128

第四节　旅游商品的销售设计 ……………………… 141

第六章　旅游商品知识产权及其保护 …………… 161

第一节　旅游商品知识产权 ………………………… 163

第二节　旅游商品知识产权保护 …………………… 168

参考文献 ……………………………………………… 174

第一章 旅游商品概述

第一章 旅游商品概述

第一节 旅游商品的概念与特征

一、旅游商品的概念

旅游商品是庞大复杂的旅游学系统中的一个组成部分，由于旅游购物消费会给旅游目的地的经济增长和文化传承与传播带来巨大的推动作用，因此旅游商品的开发与设计成为旅游目的地政府、旅游学术界和相关企业共同关注的焦点问题。目前国内学者对旅游商品的概念界定问题，见仁见智，尚未形成统一的认识，造成了旅游商品与旅游产品、旅游消费品和旅游购物品等几个概念经常发生混淆的现象。国内外对于旅游商品的概念已经有数十种不同的表述，但经过归纳总结，大致可以分为"广义"和"狭义"两个类型。广义的旅游商品，主要是指旅游消费者在旅游活动中所购买的所有产品，包括有形商品和无形服务，此种概念界定，比较接近旅游产品的概念；狭义的旅游商品是指旅游消费者在旅游活动中所购买的旅游纪念品、旅游工艺品，以及日用品和食品等实物产品，此种概念界定，比较接近旅游购物品的概念。

本书以旅游商品的开发与设计为视角，将旅游商品界定在狭义范围之内，即旅游商品是指旅游者出于商业目的以外购买的，由旅游活动引起的，以旅游纪念品为核心的有形商品，即旅游者在旅游地购买的实物商品。旅游商品是一种综合性的特殊商品，既要满足游客的物质需要，还要满足游客的精神

需求，这决定了旅游商品具有不同于其他商品的特性。旅游商品开发与销售对旅游目的地经济社会的发展具有重要影响，主要体现在以下三个方面。

第一，延长旅游时间，提升经济效益。游客的旅游购物经历，是完整旅游经历的重要组成部分。旅游购物丰富了旅游活动，使旅游过程得到进一步的延伸。旅游购物不仅使旅游者的心理需求得到满足，而且使游客在旅游目的地的逗留时间延长。旅游购物可以增加旅游者的消费，提高旅游目的地的经济收益，从而促进旅游目的地旅游产业的高质量发展。

第二，助力地方经济发展。旅游商品产业包括旅游商品的开发与规划、设计、生产及市场营销等各个环节，与其他产业相比，其特点是前期投资少，资金循环周期短，旅游商品产业能在较短时间内收回投资成本。如果将旅游商品产业中取得的收益投入旅游业的其他领域，如旅游住宿、休闲娱乐、旅游交通、旅游餐饮、旅游景区等，就会为旅游业的整体发展提供资金，进而带动产业发展。而旅游业具有较强的产业关联性，可以进一步带动当地经济的发展。

第三，宣传旅游目的地品牌形象。具有地方特色的旅游商品，将旅游目的地的形象与特色融入设计理念中，通过游客购买、馈赠亲朋的流通过程，使旅游目的地的地方特色和旅游文化得到广泛传播，进而完成了对旅游目的地的品牌形象的有效对外宣传和推介。一方面，游客所购买的旅游商品，作为收藏，可以承载其自身旅游经历的一种美好的回忆；另一方面，游客如果将其购买的旅游商品馈赠给自己的亲朋好友，便形成了旅游目的地吸引潜在客源的"催化剂"，将促使更多的潜在旅游者萌生到该目的地旅游的强烈动机。

二、旅游商品的特征

（一）纪念性

旅游商品是旅游记忆的载体，它承载着旅游者难忘的旅游经历。旅游者所购买的旅游商品大部分都与旅游地特定的文化氛围和自然环境相契合。购买旅游商品的目的是在旅游结束后，每当看到购买的旅游商品时就可以唤起对旅游经历的美好回忆，并且能够和亲朋好友一起分享。旅游商品不仅有助于回忆旅途中的人和事，还可以标记旅游的时间，它是对美好体验的一个注解，是幸福与快乐的备忘录。

（二）经济性

越来越多的旅游消费者倾向于不在特产店和旅游景区等传统的旅游商品售卖场所购买价格过于昂贵的旅游商品。所以旅游商品的价格定位必须要合理，以此来增强旅游者的购买欲望，激发其购物热情。

（三）艺术性

审美性是旅游的基本特征之一，而艺术性是旅游商品的特征之一。旅游商品是旅游记忆的载体，因此旅游商品应该是经过创意设计的，充满美感的。旅游商品的艺术性越强，其所具有的感染力就越强，就越受游客喜爱，从而就越容易激发游客的购买热情。例如，砚台原本的功能是砚墨，但如果手工艺人在砚台上雕刻梅兰竹菊、麟凤龟龙等精美图案，此砚台便可以成为游客乐于购买的可供陈列欣赏的艺术精品。

(四) 便携性

旅游商品消费者不同于一般商品购买者,他们在旅途中,以轻便为主。因此,旅游商品在体积、重量、材料、包装的设计上要充分满足旅游者的特殊要求。是否易携带是旅游者决定购买旅游商品的重要参考因素之一,因此在开发和设计旅游商品前就要对其重量、质量、体积和形状有所考虑,要做到重量轻便、体积小巧、形状适宜、不易碎易烂、能够较长时间保存,一般以单个旅游者能够轻松提带为宜。开发某些不能随身携带的旅游商品(如刀剑、家具等)时,就要将拖带服务考虑到整个开发计划里面。

(五) 实用性

随着旅游商品市场的日益成熟,旅游商品实用化的潮流日渐兴起。当今的旅游商品消费者不仅要求旅游商品要具有一定的纪念性和艺术观赏性,还越来越重视旅游商品的实用价值,希望其能够在日常生活中发挥应有的作用。旅游者在旅行中购买装饰品时,一方面看中的是其具有旅游纪念、馈赠亲朋好友的功用,另一方面还考虑其兼具的日常使用功能,在装饰品本身的装饰和纪念功能相同的情况下,实用性较强的会更受旅游者欢迎。

(六) 文化性

旅游商品,尤其是充满文化创意的旅游纪念品,承载着独特的地域文化,在宣传旅游目的地文化方面发挥着越来越重要的作用。旅游商品通常是就地取材,按照古老的工艺流程,由专业的技术人员进行精心制作和批量生产,在整个过程中,都贯穿着深厚的地方历史文化和民俗文化。旅游商品的开发和设计中,一定要体现出不同地域的审美标准、精神风采和群体爱好等文化因素,这样才能使旅游商品独树一帜,耐人寻味。

旅游商品具有上述六个不同的特点,但每个特点并不是孤立存在的,它们彼此之间是相互联系和相互渗透的关系。只有同时具备这些特点的商品,才能持续激发游客的购买热情,使之在激烈的市场竞争中始终占有一席之地。

 旅游商品开发与设计

第二节 旅游商品分类

一、旅游商品分类的意义与原则

（一）旅游商品分类的意义

旅游商品涵盖的范围非常广泛，种类繁多。由于产地的差异，商品的外在形式不同，文化价值也不尽相同，不同地区旅游商品的原材料和制作工艺也有所不同。因此，有必要系统地划分旅游商品的种类，以确保旅游商品的生产和运输可以有效地进行。旅游商品分类的意义主要有以下几方面。

1. 有助于旅游商品经营者提高生产和经营效率

旅游商品从设计到生产到最终消费的过程需要经过市场调研和数据统计、存储和运输、保管和交换等多个环节。旅游商品的分类有利于调查核算相关数据，进一步把握旅游商品生产、流通和消费的趋势，从而大幅度提高旅游商品经营管理的效率。

2. 有助于消费者了解旅游商品的性能和特点

旅游商品消费者所面对的是一个种类极其丰富的旅游商品市场，需要全面地收集商品信息，以做出购买决策。而旅游商品的分类有助于消费者全面、系统地了解他们需要旅游商品的相关信息。旅游商品的生产者和经营者应当

熟悉旅游商品的特点，掌握旅游商品的分类，把握旅游商品的发展趋势，从而进行科学的预判，可持续地开发和生产旅游商品。

3. 有利于旅游商品产业实现跨越式发展

在信息技术飞速发展的时代，在旅游商品管理领域，世界上绝大多数国家和地区普遍使用计算机网络和其他先进的信息工具。旅游商品分类是实现旅游现代化管理的一项重要任务。例如，某些国家和地区的旅游商品具有统一的商品代码，生产和包装旅游商品时，把商品编号印在商品的外包装上，方便旅游商品批发商、零售商和物流企业之间利用计算机网络控制商品转换。信息技术的运用，有助于旅游商品产业的标准化运行，大大提升了旅游商品流通效率，有利于旅游商品产业实现跨越式发展。

（二）旅游商品分类的原则

旅游商品分类原则是建立旅游商品分类制度的基本准则。旅游商品分类的主要目的是满足旅游商品产业各个组成部分的运营管理需求。旅游商品在分类时应该遵循以下四个原则。

1. 实用性原则

旅游商品的分类要具有高效的使用价值，必须从促进商品开发、设计、生产、销售和经营的目的出发，明确商品分类的目的和标准以及商品的范围，以最大限度地满足旅游商品消费者的需求。

2. 科学性原则

在建立旅游商品分类体系之前，必须先统一旅游商品分类的名称和标识。在对旅游商品进行分类时，设计人员要对旅游商品的分类和分类体系做出相应的定义。旅游商品的分类必须满足旅游产业相关政府管理部门的管理和统计工作的要求，满足旅游企业的管理、经营和研发等要求。

3. 可扩展性原则

旅游商品的分类系统必须满足不断出现在市场中的新商品的分类需求。在建立商品分类系统时应遵循连续性原则，并且必须留有足够的空间，以免在放置新商品时无法有效使用已建立的分类系统。

4. 兼容性原则

旅游商品分类的兼容性原则是指，相关商品分类系统之间的对应关系和转换关系。旅游商品的分类体系，作为一个独立的体系，应当与其他商品的现有分类体系相兼容，如《外贸统一商品目录》和《国际贸易标准分类目录》等。

二、旅游商品分类的方法

（一）按照用途分类

1. 消耗性旅游商品

消耗性旅游商品是指旅游商品消费者在旅游过程中所购买的，具有特定用途的，可以代替一般日用品的旅游商品。它具有一次性消费的特点，并且具有一定的使用期限。消耗性旅游商品可进一步划分为两个类型：一类是旅游商品消费者旅游过程中购买并消耗的商品，主要用于满足旅游消费者在旅游过程中的基本生活需求；另一类是旅游消费者在旅途中购买的，但在旅游后消耗的商品。

2. 旅游用品

旅游用品包括旅游日用品和旅游专用品两个类型。旅游日用品是包括旅游洗漱用品、旅游服装、防寒暑用品、各类应急品、地图指南等在旅游活动中使用的、具有便携性特征的旅游用品；旅游专用品是指在某种特色旅游活动中所需要的旅游用品，如滑雪、游泳、露营等旅游项目的装备。近年来，随着旅游者的消费需求不断升级，旅游产业供给侧结构性改革逐渐深入，新型旅游产品和旅游项目不断出现，促进了旅游用品消费市场的蓬勃发展。

3. 旅游纪念品

旅游纪念品是指旅游商品消费者在旅游过程中购买的、承载当地特色文化的，并且具有特定纪念意义的实物商品。旅游纪念品的数量巨大，类型多样，具体可以分为以下三类。

第一，具有观赏价值的纪念品。旅游消费者购买这类纪念品可能有以下几方面的原因：一是纪念自己曾经参加的旅游活动；二是购买完商品后，可以用这些纪念品装饰自己的居住环境；三是在赠送亲友时，可以表达自己的心意。例如，美国旧金山金门大桥已经成了加州地标建筑，并且是众多好莱坞大片的取景地，金门大桥雪花球就是一款具有观赏价值和纪念意义的经典旅游纪念品。

第二，具有使用价值的纪念品。旅游消费者购买这类纪念品可能有以下几方面的原因：一是他们对纪念品的实用性比较注重；二是这类纪念品具有艺术品摆件的效果；三是根据自己的生活实际需要购买。如今，我国有民族特色的实用手工艺品越来越多，例如，手工编制的花篮、扎染的布料、手工刺绣的服装以及植物根茎编制的容器等物品。

第三，具有收藏价值的纪念品。很多游客有收藏的爱好，在旅游时，倾向于购买具有当地特色且具有收藏价值的物品。例如，当地的特色邮票、古老的货币、古董、首饰等物品。

4. 旅游工艺品

旅游工艺品是指旅游消费者在旅游过程中购买的富有当地特色的，并且具有工艺性、实用性和纪念意义的商品。旅游商品消费者对旅游工艺品的制作工艺和文化内涵有一定的要求。旅游工艺品种类繁多，如漆器、陶器、瓷器、玉雕、贝雕等。

5. 土特产品

土特产品是土产和特产的并称，是指某地特有的或特别著名的产品。在我国，土产一般是指各地出产的农副业产品和部分手工业产品，包括粮食作物、烟草、水果、中药、丝织品、花卉等。特产指各地土产中具有独特品质、风格或技艺的产品，例如，潍坊风筝、绍兴黄酒、宜兴陶器、汕头抽纱等。需要指出的是，只有那些具有便携性特征的地方土特产品，才能成为真正意义上的旅游商品。

6. 名优商品

名优商品主要指的是旅游消费者受到价格优势、质量优势、品种优势、品牌优势等因素的影响，在旅游目的地购买的一些具有一定品牌知名度又质优价廉的旅游商品。名优商品不一定蕴含比较突出的地方特色和文化内涵，但是受经济、社会、科技等不平衡因素的影响，会在质量、价格、种类等方面存在一定的相对优势。

（二）按照原材料分类

一是动物旅游商品，是指以动物为原材料加工制作而成的旅游商品。例如，动物毛皮制品、动物肉制品、动物标本等。

二是植物旅游商品，是指以植物为原材料加工制作而成的旅游商品。例如，花卉盆景、树木根雕等。

三是矿物旅游商品，是指以矿物为原材料加工制作而成的旅游商品。例如，陶瓷工艺品、金属工艺品、宝石玉器工艺品等。

（三）按生产加工方法分类

旅游商品的质量、功能和特性受到生产工艺的影响，相同的原材料，但如果制作工艺不同，就会导致商品的特性呈现显著差异，从而形成不同类型的旅游商品。例如，酒类商品按照生产工艺的差别，可以分为酿造酒、配制酒、蒸馏酒等，茶叶类商品可以分为绿茶、红茶、白茶、黄茶和香茶等。

（四）按照标准化程度分类

1. 标准旅游商品

标准旅游商品的最大特点是有明确的标准和规范来对其进行管理和评估。标准旅游商品主要分为几个类型：旅游食品，旅游日常消耗品，初级加工产品，以动物、植物和矿物质为原料的制成品、工业化成品。

2. 非标准旅游商品

非标准旅游商品最显著的特点是很难制定准确的质量标准，其质量主要取决于旅游消费者的主观评价。例如，古董和艺术品等。

 旅游商品开发与设计

第三节　旅游商品市场营销

一、旅游商品市场营销的概念

旅游商品营销是指旅游商品经营者把旅游商品引导推介给旅游消费者，并由买卖双方围绕市场营运和交换而开展的各种相关活动的总和。旅游商品营销在本质上与其他商品营销没有区别。旅游商品的营销就是借助旅游者去异地游玩的行为，将旅游商品与旅游目的地的特色文化相结合，使旅游者对旅游商品形成与其他商品不一样的记忆，最终达到销售的目的。旅游商品营销的主体是旅游商品经营者，旅游商品经营者的实力会对其开展旅游商品营销产生很大的影响。旅游商品营销的客体是旅游消费者，不同国家、不同文化背景、不同收入水平、不同职业的旅游消费者对旅游商品的需求是不同的。这就要求旅游商品经营者通过一系列营销活动，排除不利于旅游购物决策实现的因素，满足旅游者需求，平衡供需矛盾，促成旅游商品交易的达成。

二、旅游商品营销组合

（一）产品策略

产品策略是旅游商品企业通过不断向旅游市场提供适合消费需求者的各种有形产品与无形产品的途径以期实现营销目标的策略。旅游商品企业需要

根据各个类型旅游者的不同消费特点，力图从旅游商品的种类、质量、材质、内容、外形、包装、商标和特色等要素出发，设计出独具特色、档次齐全、种类丰富的旅游商品。

（二）定价策略

定价策略是旅游商品企业依据市场规律合理地制定和调整价格以达成营销目标。旅游者想购买某种旅游商品，首先要看其对旅游商品本身是否感兴趣，其次就是旅游商品的价格与质量。如果某种旅游商品的价格过高，超出其心理预期或者可接受的价格范围，那么即使这种商品很有吸引力，旅游者大多会选择放弃；但如果商品的价格超出不多或是比较接近心理预期，而且商品质量较高，那么消费者基本上会选择购买。旅游商品企业在定价时需要考虑这样几种因素：营销目标、成本与利润、消费者对商品的认知价值、市场差异与可能产生的竞争性反映。旅游企业需要丰富产品的价格体系，不仅要提供高品质包装及高档次的旅游商品，还需要提供一些平价的旅游商品，这样可以让游客有更多的选择，也可以针对不同的游客提供不同的价格消费定位。

（三）分销策略

分销策略是旅游商品企业采用合理销售的渠道与组织商品流通的方式以保证其实现营销目标。销售渠道主要包括渠道的合理选择，成员的有效协调、激励与评价，销售渠道的不断完善。旅游商品企业应根据旅游商品需求的特点和旅游购物行为的规律，合理配置旅游商品销售网点，并考虑利用电子商务平台扩大旅游营销覆盖面，使旅游消费者可以随时随地、随心所欲地购买旅游商品，最大限度地扩大旅游商品销售渠道。

（四）促销策略

促销策略是旅游商品的企业通过广告宣传、人员推销、营业推广和公共关系等各种促销方式刺激旅游者的购买欲望，以此实现产品促销，并最终达成销售目标。促销的组合策略分成推式策略与拉式策略，推式策略主要着眼于游说消费者达成购买行为，具体实施过程：企业把产品推介给批发商，批发商推介给零售商，最后再由零售商推介给消费者；其促销方式以人员推介为主，并以营业推广与公关活动相配合。拉式策略则强调产品的特色与游客的实际利益，具体实施过程：生产企业将游客吸引至零售商，再将零售商吸引至批发商，最后再将批发商吸引至生产企业；其促销主要通过广告宣传与营业推广等方式。这两种策略的选择需要企业根据实际需求进行，最终达成营销目标。

促销活动是提供商品给消费者提前体验，实现再次购买的重要手段。在旅游商品折扣方面，可以鼓励不同商家对商品制定一些折扣方案，例如，在年货节、展销会上针对普通的游客给予八折优惠，或者在"双十一"这种购物节给予游客五折优惠等。通过这种折扣的方式吸引游客购买旅游商品，也可以让游客以更低的价格获得旅游商品，达到鼓励更多游客购买旅游商品的目的。另外，针对新开发的旅游商品提供一定的折扣，也可以达到让游客购买并积攒口碑的作用。在旅游商品推广方面，还可以安排更多的促销活动，根据不同节日或节庆活动，适当提供优惠活动的同时，让游客也能实际参与和体验商品的制作过程，这也可以促进旅游商品的市场推广与开发。

（五）人员策略

人员策略是指旅游商品企业把所有员工都直接或间接地投入旅游商品营

销过程中,在商品生产、流通、销售和消费的全过程为消费者不断提供高质量的服务,以树立企业的良好形象,通过不断提高品牌质量,来保证企业营销目标的不断实现。营销过程中,服务的态度和水平是消费者对企业的商品与服务满意度的关键决定因素。为了提供更好的服务,企业应该做到以下几点:第一,不断提高员工的服务意识和素质,这是提高服务质量的基础;第二,加强管理水平,使员工认识到本职服务工作的重要性,明确具体的工作重点;第三,加强与游客的沟通,建立游客反馈机制,确保及时发现问题,及时进行整改和提升。

三、旅游商品的现代营销方式

(一)感官营销

感官营销是企业营销者在营销过程中,利用人的视觉、听觉、味觉、触觉与嗅觉等感官进行的体验式营销方式。相对于传统营销,感官营销能够使消费者得到视、听、触、味、嗅五感的全方位体验,更容易引发消费者的购买动机,因而受到众多营销者的推崇。

1. 视觉营销

陈列就是沉默的推销,这句话高度概括了视觉刺激的重要作用,使各个商家纷纷在视觉营销上做起文章。当走进一家典型的商品零售店时,我们会注意到整洁有序的商品展示,这些展示在视觉上直观地突出了待售的商品外观特征。这些商品的陈列方式不是随意的,而是商家策划的视觉营销模式。其通过运用视觉艺术等方式来实现商品视觉展示的优化提升,以获得最大的收益,难怪它被称为"沉默的销售员"。视觉设计是店家凭借其商品的标志、颜色、照片、广告宣传、店内橱窗展示等一系列的视觉效果呈现，完成与消费者的沟通交流，以此实现向消费者展示商品的基本信息、品牌理念和服务宗旨，最终实现推动销售和展示企业形象的目标。视觉营销常见的行之有效的一种方式是通过橱窗进行展示。零售商使用橱窗展示来展示新商品，突出促销活动，并展示品牌个性。一个成功的展示会吸引路人的注意力，并吸引他们进入商店。

2. 听觉营销

听觉营销是利用各种声音的魅力，引起消费者的关注，使消费者形成独特的声音感受的一种营销方式。相关研究结果显示，声音对于人们的记忆及情绪具有很强的刺激作用。当消费者置身诸多商品广告宣传当中时，不一定会对它们感兴趣，但播放某些恰当的音乐时，可能激起消费者的消费欲望，形成选购的冲动。

3. 嗅觉营销

嗅觉营销是运用各类特定的气味来引起消费者的关注、认同、记忆等感受，最终使消费者对某些品牌产生兴趣的一种营销方式。在人类的所有感官系统中，嗅觉感受是最为敏感的，也是与记忆和情感联系得最为紧密的感官。科学实验证明，人的嗅觉能够记忆一万种味道，而且准确度比视觉高出一倍。"酒香不怕巷子深"，自古以来，人们就懂得用食品香味制造品牌效应。嗅觉营销已经取得了广泛的成功：不仅在商场里弥漫着各种香水的味道，就连各类星级酒店中也弥漫着各种香水的芳香，甚至还有的酒店开始用某种固定的香水气味来为品牌做宣传。英国的一个旅行社在店面安装了电子气味散发器，其能够散发椰子的芳香，使得顾客能够联想到海滩风情与热带风光。需要注意的是，一定要保证环境的清洁卫生，避免产生异味；在此基础上，应进一步根据旅游商品的特性来开展嗅觉营销，引起游客的购买欲望。

4. 味觉营销

味觉营销多应用于食品行业，商家经常会提供试吃服务，通过对消费者味觉的刺激来吸引其消费。这种思想运用在品牌塑造上，就是通过让消费者产生对美味的好感，实现品牌传播效果。旅游商品销售，尤其是食品与饮品销售，味觉营销也具有非常好的市场前景。很多茶叶产地的销售店都会让消费者免费品尝，品尝之后再进行选购。在云南丽江，可以购买现做的玫瑰花点心食品，这里几乎所有的商店都会让游客免费品尝。除此之外，许多旅游地都有自己的土特产品，可以通过让游客免费品尝引起其购买欲望。

5. 触觉营销

触觉营销是通过触觉感官使消费者产生难忘的印象，并以此进行产品宣传，刺激购买欲望的一种营销方式。触觉是人体最直观的感官体验，消费者通过触摸和体验可以产生一种身临其境的感觉，从而能够产生某种购买的欲望，例如，购买服装时的试穿，购买汽车过程中的试驾等。在旅游商品的销售中，恰当地使用触觉营销能够促进商品销售。如果玉器、丝绸等旅游商品能够带给游客很好的触觉感受，往往会更容易销售出去。而旅游超市中的开放式格局和自主选购方式，方便游客仔细查看商品的细微之处，通过触觉感觉不同品牌的细微差别，使其购物欲望更加强烈，对购物过程更加满意。

（二）活动营销

活动营销是指通过某些活动而进行的销售方式。这些活动是以增加销售额为目的开展的。各个地区和各地的企业都在尝试举办各种丰富多彩的活动，主要有美食活动、文体活动、康体活动、展示活动等。而这些活动既有大型活动，也有小型活动，但无论是哪种类型和规模的活动都是销售商品和宣传企业的好机会。需要注意的是，举办活动一定要策划充分，内容要独具特色，形式要丰富多彩，这样才能产生比较好的营销效果。活动营销对于旅游商品的生产与销售活动的意义，大致体现在三方面：一是能够提升商品品牌的影响力，二是能够增加媒体等的关注度，三是能够提升消费者对产品品牌的忠诚度。

此外，定期举办一些创新比赛也是一种行之有效的活动营销方式。比赛的奖项要设置合理，这样更能够吸引参赛者。同时要积极通过新闻媒体进行宣传，并通过网络与电视进行直播，扩大宣传范围。旅游商品企业和相关管理部门也可以通过比赛，找到具有卖点的创意与设计，使消费者参与商品的设计、生产、销售过程，用便捷的方式，使创意转化成商品。

（三）互联网营销

网络营销是以网络为基础，运用数字化的信息手段与网络媒体的交互性来辅助实现商品营销目标的营销方式。旅游商品企业应充分利用互联网有效地传递旅游商品信息，至于是否进行线上销售，还要企业根据自身的营销理念慎重考虑。因为旅游商品不同于一般商品，其自身具有非常强的地域性，旅游商品的购物活动具有很强的异地体验性。

（四）绿色营销

低碳旅游、绿色旅游已经成为世界旅游发展的一个重要趋势，在旅游商品市场营销中也应重视绿色营销理论的运用，从旅游商品的产品设计、价格制定、促销活动、分销渠道、服务和管理等方面构建绿色旅游商品产业链，以迎合消费者不断变化的消费需求。企业管理过程中，应当始终贯彻绿色营销理念，积极采取绿色发展战略，不断实施绿色经营和管理策略，同时制定绿色营销方案。

（五）定制营销

定制营销，又称顾客化营销，是指企业要按照消费者的某种特殊需要来定制相关的产品和服务，定制营销注重产品设计的特殊化与创新性。旅游消费者需求个性化的发展趋势和定制营销的营销特点决定了定制营销必然在旅游商品营销中有着良好的应用前景；与此同时，旅游信息化建设和智慧旅游的发展为定制营销在旅游商品营销中的应用提供了良好的基础条件。数据库营销是定制营销的一个重要特征，主要是通过建立与管理游客的信息数据库，来向商品研发、生产、销售与服务等相关的部门和相关的人员提供全面的和个性化的消费信息，使旅游商品的设计与生产能够更好地迎合每位游客的需求。例如，2020年是紫禁城建成600年。正值2020年国庆到来之际，故宫博物院与雅昌文化集团合作，共同推出"传给故宫"平台紫禁城建成600年纪念张系列产品，紫禁城建成600年纪念相册和台历、挂历等系列定制影像产品陆续上线。"传给故宫"影像服务平台，使用POD技术按需印刷，用户可把自己的照片结合故宫的文化IP内容模板进行个性化定制，既能浏览或珍藏故宫珍贵影像，又能让自己的照片更具艺术性和观赏性。"传给故宫"影像服务平台推出的系列惠民影像产品，服务大众珍藏故宫影像，满足公众需求，开创了一种新型的定制化影像文创模式。

第二章 旅游商品消费者与消费行为

第一节　旅游商品消费者

一、旅游商品消费者的概念

旅游商品消费者主要是指旅游过程中购买或使用旅游商品，以及享受旅游服务的消费个人或者组织。其首先要具备支付能力，其次要拥有闲暇时间，再次还要受到科学技术发展水平等社会因素、个人的身体状况与家庭状况等因素的影响。

旅游商品消费者还会受到外界环境的刺激和影响。外界环境的刺激来源主要分为两大类：一类是来自旅游经营企业的直接营销刺激。这些刺激是商业性的，具有很强的目的性和针对性，而且是旅游经营者能够控制的，这些刺激往往给旅游消费者带来直接的影响。另一类是旅游消费者的参照群体。从微观角度来看，其参照群体主要有家庭、亲朋好友、同事同学等；从宏观角度来看，其参照群体来自旅游消费者所处的社会阶层和文化圈。

二、旅游商品消费者分类

（一）理智型消费者

理智型消费者会根据经验与学识判别商品，经过认真分析、衡量和比较之后，才能做出消费的决定，在消费过程中，个人的主观性较强，不希望有

外人的介入。理智型消费者虽然也会对喜爱的商品产生消费的欲望，但不会马上做出决定。他们会全方位地进行考虑，综合衡量购买商品的利弊。此类旅游商品消费者初次购买会深思熟虑，而再次购买时便不再犹豫，甚至有可能成为忠诚顾客。因此，商家需要对这类旅游商品消费者充满耐心，不要对付出的时间和精力产生顾虑。

（二）冲动型消费者

冲动型消费者往往在积极消费心理的作用下，仅凭直观、感觉和情绪就可以做出消费的决定。这种消费者往往在广告宣传、消费推介、产品包装等外在因素的作用下，不做较多思考就会购买商品。在物质和信息极大丰富的今天，一方面消费者购买决策越来越理性，而另一方面，由于可支配收入的增加，商品信息及其传播媒体的迅猛增长，冲动型消费者依然占有相当的比例。冲动型消费者往往凭一时的喜好心理而做出购买决策，他们在购买商品时，很少会对商品及价格进行精确的比较。此类旅游商品消费者在购物之后可能反悔，所以商家需要在购买之前将相关信息进行充分的告知，以免发生纠纷。

（三）求知型消费者

此类旅游商品消费者对自己感兴趣的旅游商品有详尽的了解，由于他们具有丰富的专业知识，所以很可能会受到各种因素的影响，最终放弃消费。所以在对此类旅游商品消费者进行营销时，要注重相关专业知识的说明，与消费者进行充分的交流。同时，因为这类顾客通常都有较高的文化层次和较大的社会影响力，所以商家应谨慎对待，稍有不慎会给自己带来不良的声誉，得不偿失。

（四）博爱型消费者

此类旅游商品消费者对很多商品都有非常浓厚的兴趣，他们的沟通协调能力也很强。商家应该重视此类旅游商品消费者，在销售过程中要投入更多的时间和精力，这不仅会给自身带来眼前的收益，而且可能会对品牌形象的传播大有裨益，带来潜在的收益。

（五）无趣型消费者

此类旅游商品消费者或是由于旅行疲劳，或是由于根本没有消费欲望，其外在表现往往是走马观花、环顾四周、不愿久留，对旅游商品没有兴趣。对于此类消费者，商家可以量力而行，提供服务设施、保持良好态度，或许有可能开发其消费欲望，但不宜付出过多的时间和精力。

（六）多事型消费者

此类旅游商品消费者对旅游商品有一定的认知，但属于一知半解的状态，尤其喜欢在别人面前对旅游商品进行不负责任的品头论足，可能传达出无用甚至错误的信息。商家需要仔细甄别其信息，进行正确的说明和引导，避免因其误导其他消费者，带来不必要的纠纷。

（七）精明型消费者

此类旅游商品消费者购买商品的经历与经验都非常丰富，在购买商品时会采用各种方法讨价还价，达到自己理想的价格才会出手购买。商家应对此类客户不仅需要耐心，而且需要在必要时舍弃一些收益，才能顺利实现交易。

（八）疑虑型消费者

疑虑型消费者的消费受到内倾性心理因素的影响，往往着眼于观察细节，谨慎、犹豫，体验深又充满疑虑；对消费行为不仓促决定；在听取商品介绍、选择和检查商品时，总是小心谨慎与犹豫不决。因此商家在销售时，需要投入较多的耐心，耗费较多的精力。

（九）不定型消费者

不定型消费者在消费时通常缺乏消费经验，消费心理很不稳定，常常是随意消费或者奉命进行消费；在选择商品的时候也是缺乏主见，比较迷茫和不知所措。这类消费者很容易受到外界的影响，通常都希望商家能够介绍商品，帮助其进行选购。商家应在销售过程中投入一定的耐心和精力。

（十）经济型消费者

经济型消费者在消费时常从经济的角度进行考虑，因此对旅游商品的价格非常在意。例如，来自农村的中老年游客在购买旅游商品时考虑的首要因素是价格，其次是使用价值，而对于品牌和价值等深层次因素则不太重视。

第二节　旅游商品消费者需求分析

　　旅游者既是旅游消费市场的需求方，同时又是发展旅游消费的关键性因素。但是由于其国家、民族、性别、职业、年龄、收入与文化修养等各个方面的不同，导致旅游需求呈现多样化特点。因此深入调查与研究各类群体的消费需求与消费行为，便是旅游商品成功开发的制胜法宝。旅游者的消费行为是由其心理过程与心理特征共同决定的，其消费行为大多会贯穿其购物的整个过程，即消费心理会一直对消费行为产生影响，例如，对商品的种类、数量与颜色等方面的选择都会受到消费心理的影响。因此可以说，旅游者的消费心理比其消费行为更为复杂，所以在进行旅游商品的开发与销售时，应该充分考虑商品的多样性，以满足各类旅游消费者的不同需求。

　　在实践中，由于旅游者购物的心理过程是一个"暗区"，因此在一般的情况下，很难进行客观评价与分析，因此需要确立一种科学的、行之有效的模式来对其进行分析与推测。而在市场行为学的专业领域中，也有很多学者从专业角度，研究提出了很多种消费者的行为模式，其中最基本的和有效的消费者行为模式是"刺激—反应"模式。因此，在分析消费者消费行为时，可以借鉴此模式来观察旅游者购物的全部心理过程。

一、旅游商品消费者需求的内容

（一）旅游商品消费者对旅游商品收藏性的需求

旅游商品价值主要体现在其材料的稀有性、工艺的精湛性、造型设计的独特性与购买的情景性等诸多方面。因此一些质优价高、能够收藏与具备保值功能的商品，旅游者就会更加注重其质量、品位与特色，而且这些商品能够显示出消费者的身份、地位与财富，因此也能够满足消费者心理上的获得感。值得注意的是，一定要禁止销售假冒伪劣商品，因为销售这类商品无疑是一种"自杀性行为"。在商品经济飞速发展的社会，人们对旅游的各类需求也随之越来越高，很多游客旅游时都会购买相应的旅游商品，而在购买旅游商品的过程中，都希望很愉快地购物，而一旦发现购买到伪劣商品，将会使得游客对该地区的满意度大打折扣，产生负面影响。

（二）旅游商品消费者对旅游商品使用价值的需求

旅游商品使用价值主要包括商品的功能、质量、规格、外观、安全性和便利性等方面。例如，女性消费者与乡村的旅游者会比较在意商品的使用价值。多数情况下，具有较高的使用价值或者多种使用价值的商品更能够得到消费者的青睐。

（三）旅游商品消费者对旅游商品纪念性的需求

旅游商品的纪念性是促使消费者消费的一种主要动力。因为旅游活动是短暂的与无法储存的，因此很多消费者都会通过购买旅游纪念品的方式来纪念自己的旅游活动。据此很多旅游地区都会向消费者提供具有当地特色的旅游纪念品，例如，自然风光类、人文景观类、名人名物类、民风民俗类等诸多类型的旅游纪念品。而消费者对这些旅游纪念品的消费需求也具有很大的潜力，因此这是旅游商品开发过程中非常重要的领域，值得经营者关注。同时，旅游商品的包装也是纪念性的直观表达，旅游商品不仅要重视商品本身的挑选，更需要从商品的包装上下功夫。包装设计是吸引消费者的第一要素，因此在包装设计上也需要有极大的突破，不仅要满足消费的好奇心，还要展示这个地方的人文风情。例如，西双版纳的旅游商品包装可以采用手工画为主，图案可以以傣族姑娘婀娜多姿的舞姿为特色，加入属于西双版纳的颜色，在寻求美观的同时注重地方特色的注入，将包装设计做到富含本土气息。

（四）旅游商品消费者对旅游商品的审美需求

在各类旅游商品中，工艺品与时尚的商品是旅游商品审美价值的重要体现，能够展现商品的特征和魅力。可以说，消费者所购买的旅游商品，其实就是其对该种商品的审美价值与商品品位的认可。因此，旅游商品既要做到具有实用价值，也要注意审美价值，实现二者的完美结合，只有这样才能赢得更多消费者的青睐。由于消费者的审美观念还具有地方性与民族性的特点，因此，要求经营者能够尽量提供适合各类消费者喜爱的旅游商品。

（五）旅游商品消费者对旅游商品特色的需求

大多数旅游者在旅游目的地都希望能够买到一些与众不同的商品。例如，外国游客来中国时，很喜欢购买陶瓷制品、刺绣品、漆器制品、文物仿制品、字画与文房四宝等具有中国特色的旅游商品，这些商品能够展现中华文化的魅力。又如，游客到法国喜欢购买时装与香水、到埃及喜欢购买莎草纸与文物制品、到瑞士喜欢购买钟表与巧克力、到英国喜欢购买红茶与银器、到希腊喜欢购买橄榄油等，因为这些商品最能够展现当地的文化与特色。

（六）旅游商品消费者对旅游商品的时代性需求

时代的发展与进步，要求旅游市场的发展要与时俱进，市场需要既能够展现当地传统特色，又具有现代审美特征的旅游产品。旅游者不满足于原始的传统的手工艺作品，由于其与旅游者所生活的时代与文化差异较大，又因为审美体验因人、因地、因时而异，所以很多传统的手工艺旅游产品，虽然会对旅游者产生一些吸引力，但旅游者欣赏之后，不一定会选择购买。时代性可以体现出这个旅游国家或者旅游地区的经济水平，也能够体现出当地的时代风貌。因此，产品更要体现出时代、时尚、独特、创新等特征，展现与时俱进的新特点与新风貌。

（七）旅游商品消费者对优质服务的需求

旅游服务是商品营销的一个重要的组成部分。服务水平是衡量旅游地区旅游商品消费发展程度与水平的一个重要指标。消费者都希望能够获得更加优质的消费服务，例如，介绍全面、使用便利、包装简洁、支付便捷、沟通顺畅与售后周到等。优质的服务能够极大地调动消费者的消费欲望，最终形成购买行为。

二、旅游者购物需求的基本特征

（一）欲求性

欲求是以满足某种欲望为目的的行为。购买者的欲求是尚未成形的一种愿望，当这种愿望能够遇到符合其心愿的心仪产品时，就会转变成购买欲求。欲求性是消费者形成购买行为的一个很重要的成因。欲求能够使消费者集中注意力和精力，为得到而进行不断的努力与付出。

（二）多样性

马斯洛的理论将人的需求分为：生理、安全、社交、尊重与自我实现等几个需求层次。处于各个层次的旅游者对商品的需求是不相同的。又由于旅游者的国别、民族、信仰、职业、文化程度、年龄与经济能力等方面存在各种差异，使得这些旅游者具有不一样的审美标准与价值观念，而反映在其旅游购物时，就会呈现出各种倾向性和差异性。与此同时，购物需求的多样性也会体现在某种商品可以满足消费者实际效用的多个层面上。

（三）互补性和互替性

旅游者对商品的需求会呈现出某种互补性特征。例如，女性消费者购买衣服的同时，通常还会自然而然地选购与之搭配的鞋袜、饰物与手提包等商品。与此同时，由于商品的多样性，也会形成购买选择的互替性，其主要原因是，同类的商品会有各种的质量等级、各种规格与各种品牌，使得消费者能够有足够的空间去进行挑选。例如，丝绸与棉绸两种商品，虽然都具有透气性与吸汗性的特点，但是丝绸穿着更为舒适、美观；而棉绸的价格是其主要优势，价格低廉而且容易清洗和打理。二者各具特点，消费者可以根据实际需求和消费能力进行选择和购买。

（四）伸缩性

旅游者购物需求的伸缩性是指很多内部因素或者外部因素都能够对购物需求产生某些促进或者抑制的作用。外部因素主要包括旅游商品的种类、价格、销售方式、广告宣传、售后服务，内部因素主要体现在心理需求与支付能力等方面。

（五）发展性

购物需求随着消费者需求的不断发展变化而具有发展性。随着旅游者经历的不断丰富，旅游阅历的不断成熟，其旅游行为也越来越理性化，因此对旅游商品的质量、数量、品种与审美等诸多方面的要求也都在不断地发展变化。发展性要求商品在保证质量的同时，一定要能够与时俱进，具有时代特色。

（六）引导性

旅游者购买商品的引导性是指购买行为受到环境、服务、广告等因素的影响与诱导。因此，商家通过采取各种各样的购物政策、丰富商品的品种与结构、调整商品的价格等各种行之有效的方式来进行引导消费。其中营业者的宣传讲解与服务发挥了很大的作用。而从具体的商品销售来看，引导是商品经营与管理的重要策略，值得每一位营业者学习与运用。

（七）从众性

从众性在团队旅游中体现较为明显。在团体中，个体的很多行为与观念经常会主动或者被动地同整个群体保持一致。在特定的时空范围中，旅游者们对某些同样商品的购买需求相同，出现消费的从众性。

第三节　旅游商品消费行为

旅游消费是指旅游者在旅行活动过程中所产生的所有消费，而旅游商品消费是其中非常重要的内容。旅游商品消费行为是指在旅游活动中形成的，不包括准备阶段与旅游结束之后的消费行为，因此旅游消费具有异地性的特征。旅游消费目的具有非商业性的特点，即旅游者进行旅游购物是为了满足欣赏、纪念、馈赠等方面的需要。旅游商品消费行为的发生是一种客观自愿的原则。

一、旅游商品消费行为的类型

（一）冲动型消费

冲动型消费通常而言就是一种无计划的购买行为，主要是受到心理因素的催动和一些与兴奋有关的感觉的影响。它主要包括两个方面，一是在对商品的认识方面缺少周详的计划、对商品的全面认识和详尽的方案；二是在心理方面容易被误导、容易冲动、容易受情感左右等。在某些情况下，游客在到达旅游目的地之前或者在游览的过程中，并没有购买的打算，但可能在游览过程中受到其他人的劝导而产生了购买行为。游客自己对于购买行为产生的原因并不清楚，可能就是一种心理冲动，一切都是不确定的。

（二）习惯型消费

习惯型消费主要产生在消费者以平常的习惯作为购物行为的指导。习惯型消费通常较少有对品牌的追求，不是盲目地追求品牌效应，而更多地表现在通过习惯性购物寻求一种简便的购物方式。

（三）多样型消费

多样型消费主要体现在对所购买商品的品牌一直是变化的，没有固定的购买品牌。这种类型的消费者通过研究寻求多样化购买的动机，主要体现在以下三个方面，一是他们发现了同种商品中不同品牌的价值；二是开始对另一个品牌的满意度提高；三是通过购买不同的品牌来体验不同的购物乐趣。

（四）忠诚型消费

忠诚型的消费者在购买同类的商品时，可能会为了某一品牌而出更高的价格，这是由于他们认为此品牌有其他同类商品所没有的独特价值。这种心理的产生是因为他们在以往的购买中对此品牌产生了赞赏的情绪和对此类品牌的信任度高。这种类型的消费者会长期、稳定、连续地在购买时钟情于一个品牌，因为以往的购物体验使他们信任此品牌。

（五）促销反应型消费

促销反应型消费主要是受到促销营销和对产品价格敏感双方面因素的影响，消费者在促销时候的购买行为是受到产品的价格降低和产品的价值增加双方面原因的刺激。同时在对促销商品的选购中，消费者可能会更加积极地搜集产品的价格、质量信息和对产品的评价信息，以求更全面地了解促销商品。

（六）复杂型消费

复杂型消费主要表现为，很多理性的消费者对选购商品的认知周期比较长，在认知过程中会对商品进行全面的研究，例如，广泛搜集这种商品的信息，对功能性与实用性进行研究，与同类型的商品对比研究等。这些消费者在消费时，对于那些价格较高的、不经常购买的，以及风险类的商品都会进行详细的研究。

（七）影响型消费

影响型消费主要是指，消费者对于产品不够了解，无法对商品的品质与品牌的差别做出选择，因此，往往会借鉴外界经验进行判断，例如，亲友的口碑、权威和专家的推荐，以及广告的宣传，这些都可以弥补消费者认知的不足，使其了解并接受这种商品或者品牌。

二、旅游商品消费行为的主要特征

旅游商品消费以地理空间位移为主要条件，因此呈现出异地性与流动性、体验性与学习性、时间性与空间性、波动性与非线性等方面的规律和特征。

（一）异地性与流动性

相对于旅游目的地，旅游者在空间上具有离开其"个体经济利益中心"的"非居民"身份。旅游消费异地性使得其具有可能的高风险性，因此旅游者的消费行为自然会比较谨慎。消费的异地性也表现为流动性消费，主要是在旅游线路上进行各种散点式消费。流动性特性可以促进和拉动多种经济产业的快速增长，也能够使各个地区的经济都受益。

（二）体验性与学习性

旅游商品消费是一个体验过程，这种体验过程在消费之前就开始产生，一直延续到旅游商品消费之后，这个过程大致表现为：期盼旅行能够带来收获；充分领略和感受旅游地的各类风光，从而获得心理上的认知与满足；主客地不同的环境与景致的对比与感受；回味、增加认知与感受。

（三）时间性与空间性

旅游商品消费呈现时间性与空间性特点。从时间性来看，一方面，商品的消费必须在消费者的闲暇时间，是为了帮助消费者能够更合理地安排时间、获得愉悦感受和放松体验的消费行为。另一方面，消费对象通常具有与消费者不同时代的吸引特征，例如，历史文明与时代文化。旅游消费的空间性主要体现在，以消费者的空间位移为基础消费条件，并主要以异地资源与异域风情为吸引力。旅游消费逐步呈现出较为明显的时空转换特征。因为铁路、公路、航海、航空、等交通设施不断发展，在压缩旅游者时间距离的同时，也扩大了旅游消费的空间范围，实现了时空关系的转化。

（四）波动性与非线性

由于旅游活动对自然环境与社会突发事件的敏感性与较强的恢复弹性，因此也具有波动性与非线性。首先，旅游消费存在着较强的季节性波动。其次，旅游消费比较容易受到社会局势突变、经济剧变、战争与疫病，尤其是传染性疾病等诸多因素的影响。但是与购房、购车等大宗型消费相比较，旅游消费成本较低，具有恢复的弹性。这使其即便在经济形势趋紧时也具有广泛的市场基础。

三、旅游商品消费行为的动机与决策

（一）旅游商品消费行为的动机

旅游商品消费行为的动机就是游客为了满足某种需要而购买旅游商品的意愿，实际上也就是有助于激发游客购物和消费行为的心理冲动。旅游商品的购买动机从游客的角度分析通常有六种：第一种是寻求纪念，即为了追求商品的纪念意义而购买该旅游商品，这也是游客最常见的购买原因之一；第二种是馈赠亲友，既可以让亲友体会到旅游的愉悦，也能够向其表示自己的情感；第三种是追新猎奇，由于见到新奇的事物想去拥有而选择新异的商品；第四种是物美价廉，这可能是由于当地旅游商品物美价廉所引起的消费动机；第五种是生活实用，是为了提高生活中的需要而对旅游商品产生的动机；第六种是宗教信仰，这种动机是满足求平安、求健康等方面的心理需要。需要指出的是，在现实生活中游客最终做出购物的决定可能并不只是因为一种动机，而是许多种动机的综合。

（二）旅游商品消费行为的决策过程

第一，识别需求。这种需要既可以由内部刺激形成，也可以由外部刺激产生。例如，消费者需要购买一种饮品，有可能是受到该饮料的广告刺激，也可能是其自身感到口渴所致。当地的购物者和外地游客的心理需求是具有差异的。本地居民在当地消费，通常对自己的消费需求非常的明确。然而对于外地游客，特别是以享受或休闲娱乐为目的的外地游客来说，在旅游购物活动中，都带有一定的盲目性，并不是非常理智。

第二，收集信息。当消费者产生某些需求的时候，就会采取各种各样的方式搜集某些商品的各类信息，这些信息主要来源渠道包括内部信息与外部信息两种。内部信息是指消费者自身的购买经验与对产品的使用经验；而外部信息主要是指亲友、同事与邻居等的介绍，以及销售人员的宣传，广告与大众媒体等的推销。旅游商品的这些信息可以帮助旅游者进行正确的消费决策，对其购买行为产生一定的影响。一般情况下，当地居民的消费因为不太会受到时间与空间等因素的限制，因此，其收集信息的渠道会比较广泛，更容易收集到商品的相关信息。然而与本地居民不同，外地游客收集信息的渠道相对较窄，旅游团队的导游与其他游客对其影响较大。

第三，评估方案。消费者根据自己的评价标准对搜集的各种相关信息进行分类整理、分析、评估与选择，其中的评价标准指的是消费者所看重的商品的属性。每种旅游商品由很多种属性组成，然而由于不同的消费者的偏好不同，看重的属性也不同。消费者最看重的属性就是促成购买的决定性因素。由于本地居民在实际购买前有足够的时间对自己想购买的物品进行评估，在和亲友进行充分的沟通之后，会亲自到各种购物场所进行实地比较和选择，比对之后最终确定满意的产品。但是，外地的旅游者旅游时，在某个地方停留的时间通常都比较短，因此，外地游客购物的一大特点就是随机性。

第四，购买决策。在经过方案评价之后，此时的消费者已经形成购买意向，但在购买意向产生后还会有某些因素对其最终购买产生影响，这些因素包括：一是他人的态度，主要表现在他人赞成或反对的强烈程度；二是风险因素，比如涨价风险；三是意外情况，比如收入的变化、购买人身体突发不适等。与外地游客相比，普通购物者往往前几个阶段的准备都较为充足。相对来说，旅游者更容易被旅游地外界的因素所影响，游客在旅游的时候，其情绪比较容易产生一些波动，因此会临时改变之前的购买决策。

第五，购后评价。购后评价主要包括两个方面：购买之后的满意程度与购买后的行为。满意度主要取决于消费者将商品的可见性能与预期性能进行比较。满意度决定购后行为，如果消费者满意，他将会再一次购买或推荐给他人；如果不满意，他将不再购买且会劝阻他人不要购买，影响他人的购买决策。

四、旅游商品消费行为的制约因素

旅游商品消费行为是人的社会化的行为，因此会受到各种因素影响，主要包括：个人因素、心理因素、社会因素、文化因素、旅游商品自身因素、购物环境与购物服务等诸多方面的因素。

（一）个人因素

个人因素主要包括个人的经济情况、性别、年龄、职业与教育、个性与生活方式以及自我观念等诸多方面，这些方面对消费者的购买决策的影响非常明显。旅游消费者收入的差异与变化，必然影响到消费的质量、数量、结构与方式。消费者性别的差异也会对其购买行为产生影响，一般的女性在购物时会注重美观和使用方便，男性则更重视功能和质量等。消费者的消费需求也会随着年龄的变化而发生改变，不同的年龄阶段需要的产品也会差异很大。例如，年轻人与老人的商品需求差异较大，未婚女性与已婚已育女性的商品需求也大不相同。职业和教育等方面因素代表着人们的社会阶层与地位，决定了一个人的收入水平、闲暇时间与购买能力，收入水平更会直接限制其所购买的旅游产品的质量、品牌、种类与数量，以及购买方式等方面。此外，旅游者的个性与生活方式以及自我观念的不同也会对其购买偏好与购买行为产生影响。消费者在选择商品时，不仅会参考商品的质量、价格、性能，而且会将商品的特

性符合自我观念与否作为其选择某种商品的标准。

（二）心理因素

心理因素主要由动机、认知、学习、信念和态度等方面组成。人的行为主要受到动机的支配，而动机则是由人的需要产生。简单来说，人的需要引起了动机，而动机又引起了行为。为了自身需要的实现和满足，人就会自然产生某种内在的动力，促使其采取行动。消费者通过自身不断地学习与实践，逐步建立起某些信念与态度，这些信念与态度会影响其行为，这其中就包括购买行为。在实际生活中，消费者常常会把见解和信任作为其购买的依据，而不是根据知识。不同的信念也可导致消费者不同的态度、不同的倾向和不同的感受。人们的喜好可直接影响他们的购买决策。学者们研究发现了很多有关人类动机相关的理论，最著名的理论是美国心理学马斯洛的需要层次理论、精神分析学家弗洛伊德的无意识动机理论和行为科学家赫茨伯格的双因素理论。

（三）社会因素

社会因素主要是指参照群体、家庭、社会角色和地位等方面的因素。参照群体根据关系大致分为三种类型：一种类型是关系比较亲密的群体，例如，家庭成员、朋友、同事与同学等；第二种是关系比较一般的各类群体，例如，各种专业协会、网站会员等；第三种是向往群体，主要是指旅游者虽然不属于其中，但是非常渴望归属其中，并且在行动上主动效仿的某些群体或者某几个人。由于缺乏客观的标准和评价，所以旅游者的选择通常会以参照群体的标准作为选择的依据，导致其购买行为会趋于一致。此外，家庭对购买行为也会产生影响，受到国家文化和家庭旅游的影响，使得旅游购买行为具有很强的家庭观念。此外，社会期望个人承担某些社会活动，因此会出现各种社会角色，各种社会角色都不可避免地受到周围环境的影响，因此社会角色也会影响旅游者的购买行为。

（四）文化因素

文化因素是指人类历史发展过程中所创造的物质与精神财富的总和。因此，文化因素是历史现象的沉淀，既是人们在不断的社会实践中逐步形成的，又具有个性特征，这个因素影响了消费者的态度和选择，在消费者的购买行为中具有重要的指导作用。社会文化传统是社会在漫长的发展和演变过程中逐步约定俗成的，这对于所有社会成员的心理活动与社会活动都产生了巨大的影响。因此，不同文化传统的旅游者的生活方式、行为模式、心理活动、兴趣爱好与审美观念等都具有很大的差异，也使得旅游者的消费心理具有很大的差异性。

文化因素主要有民族传统、宗教信仰、风俗习惯、教育层次与价值观念等几个方面因素。

第一，民族传统。每个国家和民族都有各自独特的文化传统。例如，我们中华民族向来具有勤劳、节俭的优良传统，因此，在消费上也非常节俭，重视计划。具体体现在：选择商品时很看重价格实惠与结实耐用，对于外包装并不是非常重视，而且主要的支出是用于生活用品，购买时能够做到比较理智。但是西方很多国家的民众的消费观念与我国却大不相同，他们大多数注重及时享受人生，因此在消费上非常注重当前的消费感受，消费时比较冲动。

第二，宗教信仰。各个国家和民族的宗教信仰存在很多差异，各个宗教对于教徒的日常生活的规定也是各不相同,这些规定也会影响到人们的消费行为和购买习惯。而那些宗教纪念日和宗教传统节日通常都是消费旺季,很多消费者都会在此时购买相关商品,因此,此时也是推销商品的最佳黄金时间。

第三,风俗习惯。很多国家和民族以及不同的地区都有各自不同的风俗习惯。风俗习惯的形成既有历史和宗教因素的影响,也有自然环境与经济条件的缘故。例如,很多东方国家喜欢红色,认为红色象征着吉祥如意;而在法国、瑞典等西方国家却是恰恰相反,红色常常被视为不祥之兆。又如,中国的传统文化形成了中秋节需要吃月饼、端午节需要吃粽子的饮食习惯,因此每年的中秋节和端午节都会形成月饼与粽子的消费热潮。

第四,教育层次。由于各种因素的影响,使得很多人受教育的程度与层次不同,这种差异也会影响到他们消费行为和习惯大不相同。例如,某些教育层次不太高的消费群体购买食品时,容易受到价格和口味的影响;而很多教育层次较高的群体更加看重营养成分的科学配比。又如,教育层次较低的消费者购买玩具时,很多都会选择那些可以直接满足儿童玩耍需求的玩具,而教育层次较高的消费者购买玩具,则比较注重研究和选择那些对儿童智力开发有帮助的玩具。

第五,价值观念。价值观念是人们对事物的评价标准与评判原则。例如,中国在改革开放之前,很多消费者认为大众化的朴素的衣服是最美的,因此,选择的式样比较单一。而改革开放之后,人们的审美观念逐步发生了改变和进步,在选择服装时,也更加注重个性化需求,重视样式和面料的丰富性。

(五)旅游商品自身因素

旅游商品自身因素主要指其价值、价格、种类、质量与包装等几个方面。

游客在消费时，最先考虑的是商品的价值。旅游商品的价值主要包括艺术价值、欣赏价值与使用价值等几方面。通常价值的大小会与购物欲望成正比，即价值较大的商品更容易激发消费者的购买欲望，而价值较小的商品则不容易激发消费者的购买欲望。价格也是商品非常重要的因素，大多数消费者对价格都很看重，选择商品时，都会注意商品的价格。只有价格合理，才能使消费者树立购买信心；反之就会使信心发生动摇，甚至放弃购买。商品的品种、质量因素同样非常重要，会影响到消费者的购物心理。通常情况下，商品种类丰富、品质优良，消费者的购物心理会得到满足，反之则不容易得到满足。此外，商品的包装也非常重要。一种昂贵的商品如果没有与之配套的包装，那么其美感与价值就会大打折扣。精美的包装往往能够展示和抬高商品，能够吸引消费者情绪性购买。旅游商品的包装，主要是要考虑其纪念意义与馈赠需求，此外还需要考虑携带方便和增加旅游乐趣等因素。

（六）旅游购物环境因素

旅游购物环境非常重要，其既是商品销售的桥梁，又是接待游客和展示风采的窗口与景观标志，游客越来越重视购物的环境。好的环境能让消费者心情愉悦，从而增加购买欲望；糟糕的环境则会让消费者心生厌恶，从而降低购买欲望。目前我国各地的很多旅游商店都设在景点附近，存在着规模较小、档次不高、服务意识淡薄等问题。这样的购物环境，往往会使游客没有购买欲望。而中国的香港与欧洲的安道尔等地，一直被誉为是"购物天堂"，其中的重要原因是其拥有良好的购物环境。

（七）旅游购物服务

旅游购物服务主要包括售前、售中与售后三个方面，服务会对消费者的购物心理产生重要的影响。通常情况下，好的服务更容易引发消费者的购买欲望；相反服务质量如果较差，消费者则购买欲望淡薄。消费者同样看重售后的邮寄托运和包退包换等服务，如果缺乏这些服务，则会影响销售。因此，营业人员要营造良好的服务环境，热情主动、细致耐心，引起消费者心理上的好感与共鸣，进而使其身心愉悦，乐于消费。

第三章 旅游商品的质量与标准

第一节 旅游商品质量

旅游商品质量是衡量其使用价值的重要标准，旅游商品质量也是旅游商品学研究的一项主要内容。在旅游产业发展过程中，商品质量始终备受关注。保证质量也是提高企业形象与声誉的有效手段，甚至是行业发展的必要条件。因此，不仅必须重视旅游商品质量，更要关注整个产业链的质量体系，需要严格的监管系统，需要相关的监管部门共同发力、正确引导、监督到位，同时需要媒体行业等方面的社会监督，以及各类的行业监督。只有各方共同努力，才能确保产业链各环节质量都得到监管，进而保质保量，从而吸引更多消费者购物，实现产业的快速发展。

一、旅游商品质量的内涵

（一）质量的概念

质量最初是物理学中的一个技术术语。随着社会经济的发展和技术的进步，质量已经应用于许多领域，其内部效应也发生了很大的变化。质量通常分为以下三类。

第一，质量研究专家的界定。尽管权威专家在研究领域必然会有某种程度的单一性，但他们的确可以在一定水平上解释质量的一些深层次问题。例如，从消费者的角度来看，英国著名质量专家J.M.朱博士（Joseph M.Juran）

的研究认为，商品的质量是商品的适用性，即商品可以成功满足使用这些商品的社会成员的需求程度。著名质量管理学者爱德华兹·戴明（W.Edwards Deming）认为，质量是指"有效地满足客户预期目的的商品，但功能本身造成的损失除外"。

第二，商品学理论工作者的定义。商品学通常主要从广义与狭义两方面来定义质量。从广义上看，质量主要是指商品能够满足与适合某种用途的要求，能够满足一定社会需要的属性的综合，主要包含质量的符合性（生产者角度）与社会的适用性（顾客角度）。而狭义的质量则是指各种特定使用目的要求的商品各类特性的总和，其主要是指商品的自然属性的综合。长期以来人们对质量的理解都是指狭义上的质量。随着社会的不断发展与进步，以及商品的丰富化和人们消费需求的多样化，商品的社会质量越来越受到人们的关注，因而广义的质量越来越普及。

第三，质量文件的界定。这指的是某一时期的某一权威组织或者权威机构依据社会生产力与消费需求的实际发展情况，通过发布正式文件的方式对商品质量的概念做出的规定。例如，根据国际标准中 ISO9000 ： 2000 的规定，质量即一组固有的特性所满足要求的程度。而欧洲质量管理组织（EOQC）则规定，质量即产品满足与实现使用者需求的程度。我国国家标准 GB 6583.1-1986 的规定是，质量是产品、过程或者服务满足规定或者潜在要求（或需要）的特征与特性的总和。

（二）旅游商品质量的概念

旅游商品质量是其满足与适合旅游者和其他相关方的物质与精神要求程度的各种属性的综合。其主要包含三方面内容。

第一,质量的属性是由一组固有特性与赋予特性组成的。其特性主要是指满足旅游者与其相关方(亲朋好友等)的物质与精神要求,并由其所满足要求的程度加以表征。固有特性主要指物质特性、行为特性、感官特性、时间特性、功能特性与人体功效特征等,固有特征主要是通过商品的设计、开发与其后的实现过程中所形成的属性。而赋予特性指的是商品的价格与纪念意义等方面的内容,主要是通过人们想象、社会与市场发展、历史演变等方式形成的。

第二,满足要求是指满足旅游商品中明示的、旅游者及相关方通常隐含的或者必须履行的法律法规与行业规则等的需要与期望。只有这些方面得到满足之后,商品的质量才有可能被评为优秀。

第三,旅游者和其相关方对商品质量的要求并非一成不变,而是根据时间、地点与环境的改变而呈现动态的变化。

(三)旅游商品质量的构成

第一,旅游商品的自然质量。自然质量是指商品在正常使用条件下,满足旅游消费者与相关方要求的各类材料特性的组合。其主要包括商品的适用性、可靠性、工艺性、寿命、安全性与卫生性等。自然质量是商品使用价值的关键因素,是客观的、不以人的意志为转移的。大致分成三类:静态内在质量(包括成分、规格、形态、结构与缺陷等方面),动态内在质量(包括机械性能、热性能、食品营养价值等方面),感官质量(包括色彩、音色、质地、新鲜度等方面)。

第二,旅游商品的社会质量。社会质量,是指在商品生产、流通、消费与废弃的全部过程中,能够满足整个社会利益所必需的特性的综合,例如,环境保护、节约能源、满足人们不断增长的物质与文化生活需要等诸多方面。社会质量能够反映商品使用价值对社会需求与社会环境的依赖程度。例如，一些商品虽然具有很高的自然质量，但如果其能源消耗费用较高、废弃物难以回收利用、流通费用与维修费用较高，那么其整体的社会质量就会降低。

第三，旅游商品的文化质量。文化质量，是指自然资源、文化资源等在商品上的综合体现。随着社会文明的进步，人们文化素质的提高，则更加重视商品的文化附加值。而那些具有文化特色、民族特色与地方特色的商品，由于其可以满足消费者的物质与精神需求，具有较高的文化质量，因此更受消费者欢迎。例如，蜀锦发源于蜀地四川，是一种具有浓郁地域特色的丝织提花织物，蜀锦织造技艺精湛、图案精美、色彩惊艳、质地精细，在四川地区民族文化和经济发展史中占有非常重要的地位，在对外交流和贸易史上一度非常兴盛和繁荣。2006年，蜀锦织造技艺被批准列入第一批国家级非物质文化遗产名录，受到社会各界的关注和重视。蜀锦的材料、色泽、纹样、技艺等富含地域特色，蕴含了极为丰富的历史、科研、文化、艺术与市场价值。

（四）旅游商品质量认证

旅游商品质量认证是指经过具有某些权威性的第三方证实或者鉴定的旅游商品，其服务符合特定标准或者技术规范的活动。虽然通常这种认定遵循自愿原则，但是对于那些关系到人民生命与财产安全的商品，则要求强制认证与监督管理。

1. 旅游商品质量认证方式

目前全世界主要有八种旅游商品质量认证方式。

第一种是型式试验。这是一次性的试验，是指规定的试验方法。

第二种是型式试验加上市场抽样检验。其中，检验者需进行市场抽样。其主要运用于认证后的监督措施。

第三种是型式试验加供方抽样检验。其中，检验者需在供方发货之前的产品中进行随机抽样。

第四种是型式试验加市场抽样与供方抽样检验。其中，监督与检验的样品需来自市场的抽样与供方的随机抽样。

第五种是型式试验加对供方质量管理体系的评估，再加上分别对供方与市场的抽样检验。

第六种是评定与认可供方质量管理体系。这是对供方按照既定的标准或者技术规范的要求提供产品的质量保证能力进行的评定与认可。

第七种是批量检验。这是对一批商品进行抽样检验。

第八种是百分之百检验。这是采用国际上通用的国际标准化组织（International Organization for Standardization，ISO）的质量管理认证准则进行检验。

2. 旅游商品质量认证分类

第一，根据商品质量责任不同，将质量认证分为自我认证、购买方认证与第三方认证三个类型。

第二，根据商品认证性质不同，将质量认证分为强制性认证与自愿认证两种类型。

第三，根据商品认证的内容不同，将旅游商品质量认证分为质量认证、安全认证（质量和安全同时认证）与综合认证三种类型。

3. 景区旅游商品质量溯源体系

为保障景区旅游商品的品质得到健康发展，景区必须构建景区旅游商品溯源体系，以提升旅游商品的公信力，打造旅游商品的高附加值和高品质发展策略。为此，需要从商品的生产、加工、包装、品牌、流通、销售、服务等全程供应链环节构建质量溯源体系，景区旅游商品质量溯源体系包含以下几方面。

第一，旅游商品生产企业溯源信息。主要是指旅游商品的生产制造企业须具备政府登记的相应资质证书，对于特色工艺产品也需要有据可循。

第二，旅游商品经营企业溯源信息。主要是指景区内旅游商品的线上线下销售企业，也需要具备政府颁发的特许商品经营许可证、品牌资质证书、授权证书等。

第三，旅游商品流通企业溯源信息。主要是指景区内旅游商品的流通认证体系和运输配送体系，使得旅游商品在运输配送过程中得到保证和认可。

第四，旅游商品正品防伪。主要是指每一件景区的旅游商品都具有全球唯一的识别码，消费者能够通过手机或电脑快速查询到商品的产地等一系列信息，通过扫描旅游商品的二维码能够及时获取旅游商品的详细介绍信息、真伪信息和售后服务及评价信息，使得消费者能够放心购买。

二、旅游商品的质量要求及其影响因素

（一）旅游商品的质量要求

1. 旅游商品的自然质量要求

（1）安全性

安全性一方面指商品在制造、储存、流通与使用过程中要保证人身的安

全和健康不受伤害，另一方面，要能够提供使商品发挥正常效用的环境条件与使用注意事项。

（2）实用性

在商品销售市场中，非常注重实用性，最受欢迎的是那些既实用又具特色的商品。例如，民族服装既能够保暖，又具有特色；带有纪念性的钟表既具有计时功能，又能体现纪念的意义。

（3）可靠性

可靠性主要是商品在使用过程中，需要在规定的期限内，或者规定的条件下保持其功能的性能，即商品的功能要具有稳定性、精确度和性能的持久性。

（4）寿命周期

寿命周期通常也被称作保质期，其主要是商品在流通阶段与销售阶段需要具备连续储存或者使用的期限。主要反映在商品使用价值的使用效果方面。值得注意的是，寿命周期是以使用价值为尺度的，例如，食品需要在规定时间之内食用，其规定时间就是使用寿命。消费者希望旅游纪念品收藏的时间越长越好，这就要求原材料不易产生物理与化学的变化。

（5）信息性

信息性，主要是生产经营者需要依据质量相关的法律法规，通过商品或者商品包装的规定，向购买者提供有用的质量信息。例如，包装上的合格证，商品名称，生产厂家、地址，产品的规格、生产日期与保质期等。

（6）可追溯性

可追溯性是商品能够根据记录追踪其生产原料与零部件、加工历史、应用情况，以及出厂后的分布与位置等情况。

2. 旅游商品的社会质量要求

（1）合法性

中国主要是通过立法与强制性标准来制约商品质量，相关法律严格规定了生产与销售人员需要承担的责任与相关的禁止性规定，以及商品成分中某些物质，尤其是有害性物质成分的含量。

（2）环保性

环保性是商品在生产、流通、消费与废弃过程中，不允许对社会与环境造成不必要的危害。国家会通过法律途径禁止污染性旅游产品。因此，商品企业一定要重视生产过程的改革，使用符合标准的清洁能源，这样才能使商品符合日益严格的环保要求。

（3）经济性

经济性是商品生产者、经营者与消费者都能够用较少的费用获得较高的质量。商品生产者和经营者都希望质量成本越低越好，而对于消费者，都希望能够买到具有一定档次且又经济实惠的物美价廉的旅游商品。因此要尽量把生产者、经营者与旅游者对商品的要求统一起来。

（4）美学性

美学性是商品需要满足审美需求与心理需要的特性，包括商品外观与包装的装饰美观性、表现力、结构的紧凑性，以及环境的适应性，能够满足消费者各种心理需求。

3. 旅游商品的文化质量的要求

在市场中具有显著的文化特征与元素的商品越来越受到旅游商品消费者的喜爱。因此，文化质量也日益受到生产者与经营者的高度重视。文化质量的要求包括三个方面。

（1）主题性

文化质量要求表现题材能够展现旅游目的地的地方文化特色，能够反映当地的风土民情。虽然目前我国的旅游商品非常多，但是同质化程度太高，缺少独特性，导致旅游者不能买到称心如意的能够展现民族文化特色的旅游商品。

（2）艺术性

在异地购物时旅游者大多希望买到具有民族性与地方特色的旅游商品。究竟如何能够使旅游商品更好地展现民族性与地方特色？这就要求用艺术的形式创造出优秀的具有民族文化特色的商品。艺术性就成为展现商品文化质量的重要因素。艺术性通常通过独特的材料、造型设计、包装等方面来实现。

（3）协调性

旅游商品主要产生于某些特定的历史与文化环境之中，那么，旅游商品是否与周边环境的文化相协调，就成了衡量旅游商品文化质量的一个关键因素。通常情况下，旅游商品都要求具备文化的协调性。

（二）旅游商品质量的影响因素

1. 原材料

原材料是商品的基础物料，主要包括原料、零部件或者半成品。这些是产生商品质量特性的基础，所以商品质量很大程度上取决于原材料的质量。通常情况下，通过原材料的质量就能区分出商品的等级与规格。

2. 生产制造过程

生产制造过程对于商品质量特色形成也非常关键。通常来讲，符合质量要求的商品的产生需要经过许多环节。以四个环节为例。

（1）设计环节对旅游商品质量的影响

商品的设计首先应该符合消费者的消费心理、市场的需求，应该充分利用历史资源、自然资源、文化资源与社会资源作为设计和构思的元素，努力做到具有民族特色、文化特色、地方特色、时代风尚和审美风格，这样可以使商品从起点开始就具有较高的质量。

（2）制造工艺流程对旅游商品质量的影响

制造工艺对商品质量的影响也非常显著，即使是同样的材料，但是用不同工艺制造出来的旅游商品是不同的。而且制造工艺也是一种重要的文化体现形式，可以展现当地的特色，而精湛的工艺会提高商品的质量特色。因此，制造过程中，必须重视一些关键的因素，例如，配方、设备、技术、操作规则与商品结构等。

（3）包装对旅游商品质量的影响

商品的包装具有保护、美化和展示质量的多重重要作用，与此同时，包装还可以起到提高商品的文化艺术，增强商品的吸引力，促进销售等重要作用。

（4）质量管理对旅游商品质量的影响

质量管理是通过质量体系中的质量策划、控制、保证与改进，促使商品能够达到质量要求所必需的监管活动。加强质量管理是提高商品质量的重要手段，因此必须进行必要的质量管理。

3. 物流条件

旅游商品的物流是指商品从供应者到需求者的物理性移动过程。物流是一项经济活动，主要涵盖了包装、装卸、运输、储存、流通、配送、信息处理等一系列具体的工作。通过物流可以实现商品的价值与使用价值。物流条件对商品的质量也会产生很大影响。主要表现为运输条件的影响、储存条件的影响和物流信息处理的影响三个方面。

4. 社会环境

社会环境的影响主要表现在两个方面。

第一，商品在努力追求独具特色的同时，一定要把环境因素作为重点。原材料与废弃物一定要分类处理，且尽量减少对环境的污染。这就要求有关部门一定要把商品对环境的影响纳入质量评价指标体系，以此来促进商品的可持续发展。

第二，随着社会物质与文化生活水平的日益提高，人们的审美、文化、时尚、爱好和习惯等社会心理因素也随之不断发生变化，因此人们对商品质量的要求也在不断提高。

三、旅游商品质量的变化和分析

伴随着社会的不断发展与进步，人们对旅游商品的要求也发生了相应的变化。因此，及时对旅游商品的质量进行分析是十分必要的。

（一）旅游商品质量变化

1. 旅游商品的自然质量变化

（1）旅游商品的物理变化

物理变化是指旅游的物理性质发生了改变，但其化学性质并未发生改变。商品发生物理变化会出现质量降低、数量减少、使用价值减少等不良影响。商品的物理变化主要表现在七方面。

①旅游商品的三态变化。三态就是固态、气态和液态，旅游商品在外表上通常表现为这三种形态。

②旅游商品的渗漏。商品的渗漏是指液态的，尤其是易挥发的液态商品由于质量较差、包装简易、搬运与装卸时损坏包装而出现的流散渗出现象。而一旦出现渗漏现象，就会导致商品数量减少、染污甚至污染其他商品的不良后果。

③旅游商品的串味。商品的串味是指具有吸附性质的商品由于对其他异味、气体的吸收而大大降低自身使用价值的现象。商品的串味有以下原因：一是商品本身的组织结构；二是商品的组成成分；三是商品与异味的接触面积；四是商品对气体、异味的吸附时间；五是异味物质的浓度。通常茶叶等物质容易发生串味现象。

④旅游商品的染污。商品的染污是指商品的外表沾染了污染物而导致自身质量降低的现象。例如，丝绸等高档材质商品以及一些工艺产品，通常会对外观质量的要求非常高，一旦出现了被染污的现象，其使用价值便会大打折扣。因此，对于这一类商品，要特别注意在物流过程中保证包装的完整与良好，并尽可能避免接触易发生渗漏的商品。

⑤旅游商品的沉淀。酒、饮料等商品在其储藏的过程中可能会因为时间与温度等因素的影响而发生浑浊与沉淀等现象，从而会在很大程度上降低质量，甚至变质，无法食用。

⑥旅游商品的干裂与变形。以竹、木为原料的旅游商品，容易干裂和变形，在进行保管时要保证其适宜的干湿度。

⑦旅游商品的机械变化。商品的机械变化是指商品因受到外力的作用使形态发生改变的现象。机械变化通常表现为破碎、变形、划伤与脱落等常见的形式。为有效预防旅游商品的机械变化，在生产过程中一定要注意包装的质量，在物流过程中一定要注意不要压坏包装，同时做到文明装卸。

（2）旅游商品的化学变化

①旅游商品的老化。旅游商品若是以高分子材料为原料制成的，则在光、热、酸、水等环境因素的作用下会发生老化现象，具体的表现是发黏、发脆、变质等。

②旅游商品的氧化。旅游商品的氧化指的是旅游商品因接触了空气中的氧气或者其他含氧物质而发生的化学反应。纤维织品如棉、麻、丝，以及桐油制品等都是十分容易发生氧化的旅游商品。

③旅游商品的陈化。某些商品容易发生陈化，例如，茶叶等商品在存储过程中容易发生质量降低甚至霉变现象，从而导致色泽变化、香气挥发、茶汤变色等现象。大多数旅游商品都是存储时间越长，陈化的现象也会越严重。

④旅游商品的分解。一些旅游商品具有不稳定性，在自然环境的刺激下会发生分解。例如，在热、光、酸和潮湿空气的作用下会发生分解，一种物质被分解为两种或者两种以上物质。

⑤旅游商品的曝光。曝光是指本身不能见光的商品，见光之后就会出现变色甚至变质的现象，从而使使用价值大大降低甚至消失。

⑥旅游商品的锈蚀。一些以金属为原材料制成的旅游商品，很容易因潮湿空气的作用而发生锈蚀现象。而且空气的潮湿度越高，旅游商品的锈蚀速度也越快，锈蚀程度越严重。

（3）旅游商品的生物学变化

生物学变化主要是指那些有生命的有机体商品在其储存的过程中，由于维持自身生命活动的需要而进行的呼吸作用、后熟作用与胚胎发育等现象。

2. 旅游商品的社会质量变化

（1）旅游者的质量需求导致旅游商品质量发生变化

随着社会不断发展进步，人们的经济收入与生活水平都在不断提高，因此旅游消费者选购旅游产品时，对商品质量的要求也越来越高。此外，不同国籍、民族、文化程度、经济条件、社会地位和购物目的不同的旅游者，对质量的要求也会存在差异。

（2）社会的变化导致旅游商品质量发生变化

社会的变化会导致旅游商品质量发生变化，具体来说表现在以下四个方面。

①旅游商品若是在生产上严重依赖并过度消耗某种资源，则随着这种资源的不断减少，其社会实用性也会不断降低，从而导致社会质量降低，甚至消失。

②旅游商品若是在生产、储存、使用和废弃的过程中对环境造成一定的污染，则其社会实用性会大大降低，甚至不再具有社会实用性。

③旅游商品在一定的历史时期内，若是出现与社会发展不相协调的现象，政府便会出台一定的法规对其进行禁止。而旅游商品一旦被禁止，便不再具有实用性，其社会质量自然也会消失。

④随着社会和经济的不断发展，旅游者的消费习惯也会发生一定的变化。如果旅游商品生产商对此不能积极适应，便会使整体质量大大降低，继而无法在市场上继续生存。

（3）文化变迁导致旅游商品质量发生变化

随着文化的变迁，旅游者对旅游商品质量的需求也日益多样化和复杂化，从而要求生产商及时调整旅游商品质量，积极适应旅游者不断变化的新需求。

（二）旅游商品质量分析

1. 旅游商品质量的特点

旅游商品质量的特点，具体来说有以下三个。

（1）客观性

旅游商品质量的客观性特点指的是，旅游商品的质量会受到各种客观存在的质量指标及属性的影响，只有满足这些客观存在的质量指标及属性，旅游商品质量才能获得认可。

（2）主观性

从某种角度来说，旅游商品就是旅游者购买于旅游途中的具有一定特色的商品。而旅游商品的购买者在经济收入、文化水平、社会地位、购物心理、购物目的等方面会存在一定的差异，由此导致其对旅游商品质量的要求也会有所不同。从这一角度来说，旅游商品质量具有很强的主观性。

（3）动态性

旅游商品质量的动态性主要表现为三方面。

一是随着时代与社会的不断发展和进步，使得商品的生产技术得到不断的提高和日益完善。这就使得商品的质量也随之发生不断变化。

二是由于旅游者的地域和文化环境的不同，使得旅游者的消费习惯也会存在差异，因此对商品及其质量的需求也不相同。

三是随着经济的快速发展与人民生活水平的日益提高，使得消费者对商品质量的要求也越来越高。

2. 旅游商品质量分析的原则

在进行旅游商品分析时，为确保结果的科学性、客观性、全面性和准确性，需要遵循一定的原则。具体来说，旅游商品质量分析的原则主要有以下四个。

（1）动态性原则

上文已经论述过，旅游商品质量具有动态性特征，会随着相关影响因素的改变而发生一定的变化。因此，在进行旅游商品质量分析时，要切实遵循动态性原则。

（2）综合性原则

旅游商品质量的变化既体现在自然质量变化方面，也体现在社会质量变化方面。因此，在对旅游商品质量进行具体分析时，要遵循综合性原则，充分考虑到其自然质量和社会质量方面的变化，才能确保旅游商品质量分析结果的全面性。

（3）整体性原则

在进行旅游商品质量分析时要遵循整体性原则。要以商品的质量标准作为重要的前提，并对其自然与社会质量进行分析，还要分析其文化内涵、与旅游商品相关法律法规的符合程度、与消费者消费需求的适应程度、与旅游地文化的结合程度等。

（4）系统性原则

旅游商品质量本身是一个极其复杂的系统。因此，对旅游商品质量进行分析也是一项系统性的工程，既要着眼于生产领域，也要着眼于市场领域和消费领域；既要注意从物质性方面进行分析，也要注意从社会性、文化性方面进行分析。也就是说，在进行旅游商品质量分析时，要切实遵循系统性原则。

第二节 旅游商品标准

旅游商品标准是对旅游商品的质量及与质量相关的各方面的统一评价，它能够为旅游商品营销与旅游经济的发展提供一定的支持，因此，在旅游商品经济中，旅游商品标准也是非常重要的一环。旅游商品生产商必须严格把握旅游商品标准，这样才有助于不断提高自身旅游商品的质量，也才有利于目的地旅游经济的发展。

一、旅游商品标准的内涵

（一）旅游商品标准的概念

旅游商品标准是以旅游商品为对象，在综合考虑旅游商品的针对性与适用性的基础上，对旅游商品必须达到的要求所制定的标准。这些标准主要包括：商品的品种、技术的要求、试验的方法、检测的规则、商品的包装、商品的标志、商品运输和存储条件等诸多方面的规定和要求。

（二）旅游商品标准的分类

按照标准约束性的大小，可将其划分为强制性旅游商品标准和推荐性旅游商品标准。强制性旅游商品标准指的是那些已经在相关法律法规中明确规定的，要求旅游商品生产商与供应商必须予以实施的标准。推荐性旅游商品标准指的是，那些除了强制性标准之外，旅游商品生产商与供应商自愿采用、自愿认证的标准。

按照表达形式，可将商品标准分为文件性商品标准与实物性商品标准两类。文件性商品标准是指运用特定格式的文件，其通过文字、图样、表格等各种形式，对商品的质量、规格、监测等进行相关技术规定的标准。实物性旅游商品标准指的是那些难以用文字准确表达的，由相关的标准化的机构或者某些指定的部门通过实物进行制成的，与文件性商品标准具有相同效应的标准。

（三）旅游商品标准的分级

1. 国际标准

国际标准一般由当今世界上最大的两个国际标准化机构——国际标准化组织（ISO）和国际电工委员会（IEC）制定，在获得国际标准化组织认可并加以公示后发挥效应。这两大国际标准化机构的活动各有不同，其中国际标准化组织主要负责制定除电工、电子标准以外的所有学科的标准，而国际电工委员会主要负责制定电工、电子标准。

2. 区域标准

区域标准是指由世界标准化组织所制定的标准，其可以促进各成员国、地区及其成员之间的贸易、科学、技术与经济的交流。目前全世界比较有影响力的区域标准化组织主要有欧洲标准化委员会（CEN）、欧洲电工标准化委员会（CENELEC）、欧洲广播联盟（EBU）等。

3. 国家标准

国家标准是由某个具体国家标准委员会所制定的，而且必须在其全国范围内统一的标准，对该国经济与技术发展具有重大意义。我国的国家标准代号为"GB"（"国际"二字汉语拼音的开头字母），它又可以分为强制性国家标准（GB）和推荐性国家标准（GB/T）两种。

4. 行业标准

行业标准又称为专业团体标准，主要是通过专业标准化的主管机构或者相关组织批准与发布的在相关行业范围内统一的标准。这是在没有国家标准的情况下，按照相关行业的实际情况而制定的统一标准。我国行业标准代号各不相同，旅游行业的标准代号是"LB"。

5. 地方标准

地方标准是在没有国家与行业标准的情况下，由地方主管部门进行组织制定、审批与发布的标准。我国的地方标准代号是在标准代号的前面加上该地区（省、市、区）的汉字简称。

6. 企业（公司）标准

企业（公司）标准是指由企业进行制定发布的，并在该企业内部使用的标准。企业（公司）标准需要向当地标准化行政主管部门与相关行政主管部门进行备案，并且在企业或其批准与发布机构所管辖的范围内具有约束力。企业（公司）标准的代号是以"企"字汉语拼音的开头字母"Q"作为分子，以企业名称代号作为分母的，例如，旅游企业的标准代号是"Q/LB"。

（四）旅游商品标准的内容

1. 概述部分

概述部分主要指商品标准的封面、目录、名称与引言等四个部分。这四部分会对商品标准的概要内容作简要的说明。

2. 商品标准技术内容

标准技术主要包括：

（1）商品的标志、材料种类、包装、包装形式、包装中对产品的数量、重量、体积、运输、储存等的要求。

（2）商品的检验规则，温度与湿度，运输与保存的方式与工具，储存时间与防止变质的方法与措施等。

（3）商品抽样检测的技术要求，主要指监测方法与工具，质量监测之前对样品的处理方法等。

（4）检验商品标准使用的仪器与试剂的规格、种类与配置方法，以及使用操作的过程与结果的分析等。

（5）商品的品种和规格方面的要求等。

（6）其他。

3. 补充部分

补充部分主要包括附录与附加说明，主要是对商品标准监测的数据及其他方面的附加说明等。

（五）旅游商品标准的制定

1. 旅游商品标准制定的原则

旅游商品标准的制定是商品标准化的中心环节，要遵循六个方面的原则。

（1）符合国家政策法规的规定

旅游商品的标准首先必须符合国家的相关政策法规，这样才能确保商品的各项标准不违反相关的法律法规，不会损害广大人民群众的利益。

(2) 兼顾发展性与历史性

制定标准的目的主要是为了推进商品制造行业、生产行业和服务行业的技术进步与升级，促进整个旅游经济的全面发展。因此，商品标准的制定必须能够体现发展的理念，要能够保证标准在技术上做到与时俱进，并且能够适应规模化生产的相关要求，同时要能够适应国家与地区的旅游业竞争的实际需要。但是，标准在技术方面也不能盲目地追求不切实际的高指标，避免因为商品质量的统一、生产成本与费用提高所导致生产商和供应商形成入不敷出的局面，因此，制定标准时也需要考虑商品的历史因素。

(3) 积极采用国际惯用标准

采用国际标准可以使我国的对外开放得到不断深化与发展，可以促使我国的旅游商品更好地与国际接轨。同时，国际标准中也包含着大量先进的技术与成功的经验，因此可以说，积极采用国际标准，也是对先进技术的便利化引进。

(4) 体现质量特色

作为引导企业进行商品设计、生产、检验以及保证商品实用性的技术依据，商品标准要能够体现商品的质量特色，要求在制定商品标准时，从商品市场与社会的实际需要入手，这样才能够较为充分地挖掘和利用当地的旅游资源、文化资源与工业资源等方面的优势，要充分考虑商品企业与环境条件的适应性问题，在标准中进行规定。与此同时，在制定标准时，还要考虑到购买者与消费者的利益，充分考虑到使用性能、使用安全与操作条件等方面的问题。

(5) 从全局出发，充分考虑全社会的综合效益

制定标准不仅要考虑旅游商品企业与旅游行业的经济效益，同时也要综合考虑国家、社会与整个经济发展的实际需要，以取得全社会的综合效益作

为目标。

（6）坚持"以人为本"

商品标准的制定必须兼顾保障人身健康与财产安全，保护游客及其相关方的利益，同时还要积极保护环境。这要求我们制定标准时，要全面考虑商品生产、供应及其使用的过程中消费者、商品企业、经济与环境，以及相关方的利益保护等诸多方面的问题，一定要在标准中严格规定涉及健康、安全与环境保护等重要方面的相关内容。

2. 旅游商品标准制定的程序

《国家标准制定程序的阶段划分及代码》（GB/T 16733-1997）中规定，旅游商品标准的制定需要遵循的程序有以下几方面。

（1）提出标准项目建议

建议主要是由全国旅游标准化技术委员会来进行，其在收到提案之后，经过研究与论证，提出商品标准项目建议，并上报给国家标准化管理委员会。

（2）项目立项

国家标准化管理委员会收到全国旅游标准化技术委员会的项目建议之后，在对项目建议进行审查、协调与确认之后，会正式下达《国家标准制修订计划项目》。

（3）建立工作组，制定工作方案

项目正式立项之后，要建立相关的工作组。通常情况下，工作组包括：旅游学术专家、标准化部门人员、生产企业管理与技术人员、行政管理部门管理人员等四类人员。

工作组成立之后，就会开始制定相关的工作方案，工作方案主要包括：所制定标准的名称、适应范围，以及国内外相关的标准与科技成就；所制定标准的依据、目的、意义与预期效果；工作的内容、分工、计划、进度等工作条件；经费预算等。

（4）资料的调查与搜集

在建立了工作组、确定好工作方案之后，就将进入资料的调查与搜集阶段，这项工作将为标准的制定提供所需的信息与依据。主要包括六个方面的内容。

①商品的历史、现状与发展趋势。

②多数商品企业的技术和相关的管理水平。

③国内外的相关标准情况。

④与旅游商品相关的重要科学和技术成果。

⑤旅游者的使用要求，以及目前商品在生产、流通、使用与维修过程之中存在的问题。

⑥与旅游商品相关的法律法规与政策。

（5）确定商品标准方案，并进行实验与经济效果方面的论证

调查与搜集资料之后，工作组需要开始构思与确定标准方案。在此过程中，一定要充分考虑标准技术内容的选择与参数系列的确定。方案确定之后，首先需要实验论证，并以此来确定标准中技术内容选择恰当与否，参数指标的确定是否合理与先进。实验论证后，还需要计算与评价各方案的经济效果，从中选择最优方案。

（6）编写标准草案，广泛征求意见并形成标准送审稿

确定了标准方案之后，工作组需要按照 GB1.1 和 GB1.3 的要求来撰写标准草案。草案的起草需要充分吸收相关的国家与行业标准，选取产品相关的主要技术指标。起草完成之后，还需要广泛征求相关单位的意见，并经过收集与整理这些意见，完成意见汇总处理表与标准送审稿。

（7）标准的审查与批准

完成标准送审稿之后，还要经过会审或者函审，最终形成标准报批稿。相关的行政主管部门收到标准报批稿后，会对其进行认真细致的审核，其中不符合标准的将会被退回，符合标准的将予以批准发布。

二、旅游商品标准化

（一）旅游商品标准化的概念

旅游商品标准化是指通过制定、发布与实施标准，使旅游商品业达到统一，进而实现行业和谐发展的一种行为。这个概念主要包含下列内涵。

第一，商品标准化的基本任务与内容是制定、发布与实施旅游商品标准。

第二，商品标准化是实现生产技术进步，提高商品质量与推进企业现代化生产的重要方式。

第三，标准化的最终目的是在商品领域获得最佳秩序与在社会上获得最佳效益。

（二）我国旅游商品标准化的现状

虽然目前我国旅游业在标准化建设上取得了一些成绩与进步，但多局限于某些企业的管理与服务层面，而旅游企业的管理与经营标准化建设的整体水平还比较低，这直接导致了很多企业在经营和管理方面仍然采取传统意义上的粗放的、散状的和小规模的方式，这距离现代旅游商品企业制度的差距非常大，尤其是手工艺品等传统行业的标准化建设水平更低。

1. 现代工业旅游商品的标准化现状

现代工业旅游商品的标准化是随着我国工业标准化生产而共同发展起来

的，目前部分旅游商品企业已建立了标准体系。在分工协作关系非常紧密的现代企业，无论从经营管理到经营活动实施都需要标准化。企业标准化也日益由生产技术标准化发展到产品质量标准化与管理标准化等方面。管理标准化是将管理工作按照生产经营发展的需求，制定出标准的数据、工作程序与工作方法，并以此作为企业管理的准则，确保生产经营活动有序高效运行。管理标准化是技术与产品质量标准化的重要保证，对提高管理水平，实现经济目标都具有重要作用。因此，旅游商品生产企业也会主动运用标准化的方式来保证生产技术与产品质量。但是，还有很多商品由于并没有被纳入旅游商品的行业管理，所以文化和旅游主管部门所颁发的旅游商品标准仍然是空白。其主要包含三方面原因。

第一，各个相关部门协调的难度比较大。由于旅游商品是非常综合的产业，其中涉及很多的部门与行业，因此，在进行旅游商品标准化建设过程中就会涉及很多相关行业与部门的职权范围，协调起来比较困难。

第二，管理难度比较大。旅游商品不同于其他商品，其类型多种多样，而且常常跨产业、跨行业。随着市场经济的不断发展，商品的管理也逐步从行业管理转向产业管理，旅游商品的管理也被纳入文化和旅游部管理，但是我国的实际旅游商品生产企业却非常缺乏管理人才与管理手段，这严重制约了旅游商品标准化建设。

第三，实施与监督困难比较大。目前在我国旅游行业当中，能够从事商品标准化建设的专业人才很少，这严重影响了我国旅游商品标准化建设的实施。与此同时，专业人才的匮乏也在很大程度上导致了缺乏对旅游商品企业标准监督的力度。

2. 传统手工艺旅游商品标准化

在手工业生产条件下,传统手工艺旅游商品发展十分缓慢,甚至当时的手工艺生产商还没有意识到标准化生产的存在。随着市场经济的发展,标准化生产逐渐蔓延到传统手工艺旅游商品的范畴。但是,除了少数由政府组织制定成文的标准外,传统手工艺旅游商品的标准大多是不成文的,其沿袭主要是靠手工艺者的口头传播,因此,其标准化程度也较低。原因主要包括以下几个。

第一,传统手工艺旅游商品的制作技术十分模糊,难以形成指标化体系。旅游商品的质量标准化是传统手工艺旅游商品标准化的一个重要内容。然而,从现实来看,我国的传统手工艺旅游商品在制作上主要以手工业为基础,造成商品质量的不确定性。传统手工艺旅游商品的技术大多使用十分模糊的语言,例如,使用"少许""适量"等词语进行表述,这就导致参与生产的技术人员很难对其生产制造条件进行量化,自然也会阻碍传统手工艺旅游商品的标准化建设。

第二,传统手工艺旅游商品的生产是以个人为主,难以形成规范的操作程序。由于传授方式的差异、个人能力和经验差异的影响,我国的传统手工艺旅游商品在继承的基础上表现出千姿百态的状态,从而大大丰富了传统手工艺旅游商品的样式。但是,这种按照个人的要求选择原材料,并根据个人的领悟与技巧进行加工生产的模式,使传统手工艺旅游商品的生产过程集中在个人身上。要对这种情况进行规模化、标准化建设,使之适应社会大生产的需要,具有很大的难度。

第三,传统手工艺商品的生产技术往往具有很强的私有性与排他性,使得其很难形成他人或企业所共享的财富。而标准则是人类尤其是企业所共享的财富，要求具有公开性。因此，要想使企业公开其传统手工艺旅游商品的生产技术，将其制作成标准与其他企业共同享有显然存在较大的难度。

第四，传统手工艺旅游商品的最终质量检测非常复杂，难以用语言将其准确表达出来。传统手工艺旅游商品的质量检测非常复杂，不仅包括自然质量的检测，也包括社会质量的检测。在进行传统手工艺旅游商品质量检测时，一般采取的是理化和感官检测相结合的方法，其中感官检测又会因检测者的生理、爱好、体验等的不同，而表现出一定的差异，因此很难用统一的、精确的文字将其完整、准确地概括出来。

第五，传统手工艺旅游商品市场具有明显的本地化特色，造成传统手工艺旅游商品企业规模较小、标准化生产作用较弱。传统手工艺旅游商品企业多注重于研究区域范围内的个性产品的开发与营销，从而造成了传统手工艺旅游商品市场的本地化，制约了传统手工艺旅游商品企业的发展。

第六，传统手工艺商品缺乏高层次的人才，导致其生产技术难以提升。在相当长的一段时间里，我国传统的手工艺商品都被看作是可有可无的技术，教育系统也缺乏对这部分技术的传授，而这些技术大多是通过手工艺旅游商品技术的持有者口头传授或家族经验予以传承，造成传统手工艺旅游商品的从业人员素质较低。这些人员虽然对具体商品的操作经验烂熟于心，但却不懂理论建设，在高层次人才上十分欠缺，这些都阻碍了我国传统手工艺旅游商品标准化建设的步伐。

（三）旅游商品标准化的措施

我国旅游商品生产企业要实现标准化生产，必须根据生产的现状抓住以下几个关键点，才能加速这项工作的进程。

1. 加强旅游商品标准化的法制建设

由于缺乏统一的标准予以参照，许多旅游商品的质量难以准确地评价，消费者也不知道自己的权益是否受到侵犯。有关部门需要将旅游商品标准化建设纳入法制范畴，及时制定并实施关于旅游商品标准化的法律，以促进旅游商品标准化的实施。

2. 建立旅游商品标准化机构，形成旅游商品标准化体系

大力推进中国的旅游商品标准化进程，需要尽快建立健全旅游商品标准化的机构。国家标准化主管部门应该会同旅游行业相关的主管部门，在全国旅游技术标准化委员会下，设立旅游商品标准化技术委员会。之后还应根据市场的发展与需求，对国家标准与行业标准进行整理与分析，制定所需的各类旅游商品标准，完善商品标准体系。

3. 旅游行业协会应积极发挥作用，引导和推广旅游商品标准化建设

中国已经形成了一些旅游协会网络，其中集合了中国旅游行业的精英。要充分发挥旅游行业协会的积极作用，使其在组织交流、联络与考察等常规活动之外，也能够积极引导企业制定相应的生产标准，推动商品标准化。

4. 加强旅游商品标准实施的监督工作

在实际工作中，需要对旅游商品行业工作过程中所实施国家标准与行业标准的实际情况进行检查和监督，并将检查和监督的情况纳入旅游市场的治理整顿工作中，形成一系列强有力的制度，以此来强化检查与监督检查的力度。

第四章 旅游商品开发与规划

第四章 旅游商品开发与规划

第一节　旅游商品开发与规划的原则与依据

一、旅游商品的供给

旅游商品市场是由商品需求市场与供给市场组成，其可以反映国家与国家、国家与经营者、经营者与经营者之间，以及经营者与旅游者之间的各种复杂经济关系。旅游商品供给是购物活动成功与否的关键。但实际的供给体系却比较复杂，相关的利益主体比较多，彼此的关系也很复杂，还存在不明确的部分，因此在商品开发过程中就必须高度重视供给环节，努力打造各种销售平台，根据现实情况进行多样化的生产，完善商品开发的支持系统。

（一）旅游商品的生产模式

随着购物市场的逐步发展壮大，各类企业大量涌现，商品呈现出更加丰富和多样化的发展态势，使得生产的形态也逐步发生改变，生产模式也更加多样化。既有传统的规模较小的内需型的生产模式，也有更加迎合旅游者需求的地方型的生产模式。地方型模式的范围更广泛，甚至农产品与日用品的生产企业也能够进入市场。还有业余型的生产模式，这类模式主要是指那些雕刻、剪纸、刺绣等民间艺术家与收藏家根据兴趣或者谋生方式来生产的民间艺术商品，虽然这些艺术产品也是旅游者喜爱的旅游商品，但是由于这些生产者的生产能力与销售渠道有限，很多无法进行大规模和持久的经营，如果不及时进行改进，其模式可能会衰退甚至从各类生产模式中消失。还有一种再加工型模式，这种模式主要是由于生产技术与生产成本的差距，使得企业需要对海外或者外地的半成品先加工然后再生产出商品，很多内需型企业大都会运用这种模式。

（二）旅游商品的供给模式

传统的商品供给体系比较单一，随着科学技术与营商环境的不断发展进步，供给体系也发生了巨大的发展和变革。供给渠道变得越来越多元化，流通渠道的距离也变得越来越短。一些实力雄厚的生产商可以不像从前那样通过批发商进行交易，而是通过直销店进行直接销售。

（三）旅游商品的销售环节

商品销售是设计、生产之后，实现价值的重要环节，其受到供应方和需求方的共同影响，因此非常具有研究的意义与价值。根据销售业态，可以把零售销售企业分为大型、中型、饭店附属与家庭销售店等类型。大型零售场所通常会配套拥有大规模的停车场与相对完善的餐饮服务设施，服务的主要是团队游客。例如，喀什大巴扎（全称中西亚国际贸易市场），位于喀什市东北角的吐曼河东岸，又称东门大巴扎，占地250亩，内设21个专业市场，是我国西北地区最大的国际贸易市场。大型的零售场所的优势是：由于进货量比较大，进货价格被压低的概率也会比较大。与此对应的缺点是：当进货价格无法再被压低的时候，商品质量就会受到影响。中型商店由于雇佣员工，导致成本较高，而且与大型零售场所相比会出现销售量比较少，商品循环慢，库存积压等诸多现象。饭店附属型是指很多大型饭店会设有旅游商品专柜，消费者主要是饭店的顾客，其营业收入也逐步成为饭店的重要利润来源。另外一种是家庭销售店，其规模较小，通常是家庭生产和经营，不会雇佣员工，虽然经营平稳，但也面临着店铺老化与难以为继等方面的问题。

二、旅游商品开发与规划的意义

旅游商品开发与规划具有重要意义，主要包括以下几点。

第一，商品开发与规划可以提高整个行业的经济效益。在旅游六要素中，消费者对于购物和娱乐之外的四个方面的消费通常会相对稳定，而对旅游商品的消费弹性非常大，旅游商品具有很大的开发空间。因此需要开发出更好的商品，这样对于大幅度提高旅游业的经济效益非常有帮助。

第二，商品开发与规划还能够促进就业，维护社会稳定。旅游商品开发包括商品的设计、生产与销售等各个环节，其中涉及的很多行业都属于劳动密集型产业，可以吸纳较大规模的劳动者就业，从而促进了就业。而且开发商品还可以帮助提高当地经济的整体发展水平。经济发展水平提高了，人民致富了、生活水平提高了、对于生活的幸福感增强了，从而达到了促进社会繁荣稳定的目标。

第三，商品开发与规划可以带动很多产业共同发展。旅游商品的开发与规划还可以带动很多相关产业的共同发展，例如，可以带动轻工业、服务业和农业等诸多产业的发展。因此，需要充分发挥乘数效应，大力促进发展，形成大旅游的繁荣景象。

第四，商品开发与规划有助于文化传播，从而实现宣传效果。旅游商品是当地文化形象的集中体现与重要载体，可以展现当地的文化品格。如果开发较好，也可以成为当地的文化象征。

第五，商品开发与规划可以实现对各类民族传统文化工艺的保护传承和发展创新。各类民族传统文化工艺,尤其是手工艺,是民族文化传承的宝贵精神财富和物质财富。但是随着工业的快速发展与人们思想观念以及消费方式的变化,导致很多工艺濒临失传。而开发旅游商品,既能让人们得到经济利益,也能够实现对传统文化工艺的保护传承和发展创新。

三、旅游商品开发与规划的原则

旅游商品开发是经营发展与管理的基础,因此各地应该重视"开发即经营"的理念。在具体开发的过程中,需要遵循下列各项原则。

(一)市场需求原则

这是旅游商品开发的总原则。随着经济发展和人民生活水平的提高,旅游也日益成为刚性需求,而旅游商品业在整个旅游产业之中最有发展潜力,因此也必将迎来蒸蒸日上的发展前景。与此同时,由于旅游业是市场化的产业,因此旅游商品及其开发与规划也必须以市场为导向。在具体产品的开发时一定要明确以旅游消费者为中心,并要在对市场进行充分调研的基础上进行具体的开发与规划。

商品的开发与规划要以市场的实际需求作为重要导向。需要充分调研游客的文化背景、购物水平、购物心态、购物习惯、购物动机,并掌握各个年龄、职业、文化层次的消费者的购物方式、购物行为、购物特点等方面信息,这样才能够开发具有针对性的旅游商品。与此同时,还需要广泛收集市场的反馈信息,并结合各地的旅游资源与文化特色,开发出具有地方文化特色的高品质旅游产品。例如,故宫博物院的文创产品在用户定位上,曾走过弯路。刚开始,故宫将自己产品用户定位在35岁到50岁人群,男性为主,并且在产品设计上，偏向传统。直到几款年轻化产品的爆红，才促使故宫调整步伐，更加注重年轻群体。而现在，故宫已将自己产品用户定位在35岁以下人群，女性为主。

由于旅游商品消费属于非基本消费，因此其需求的弹性也非常大。而消费者的购买心理也比较随意，会随着旅游的心情和喜好进行选购，具有很大不确定性，因此，需要及时掌握消费者的需求和喜好。而以市场调研和市场需求为导向设计和开发的商品才能够受到更多消费者的欢迎。因此生产企业需要广泛开展全方位的市场调研，充分调研消费者的各类消费需求与行为，并据此开发出能够真正适应需求的产品，与此同时还要对一些不符合市场需求的商品进行改造升级，使之适应市场需求。

（二）突出特色原则

特色是旅游商品的核心吸引点，突出特色的重点是加强文化的支撑，要求以文化作为开发的核心要素，与此同时，要充分考虑到地方特色与民族特色。在这样的原则下开发出来的旅游商品才能够真正体现各地的文化特色，才真正具有纪念意义，甚至具有收藏价值，也才有可能具备不可替代性，也更容易吸引旅游消费者购买。文化需求是消费者消费时的更高层次需求。而文化品位更高、文化特征更鲜明的商品的价值也会更大，因此也会大受欢迎。但实际上，中国的旅游商品同质化现象比较严重，全国很多旅游景区的商品都非常雷同，例如，全国各地景区销售的木雕、镜子、扇子、围巾等大量旅游商品，不仅材质相同，连做工和样式都非常相似。这样的旅游商品，自然难以吸引旅游者。这种行为不仅仅是文化创意缺失的行为，同时也是一种抄袭，甚至侵权的行为。

（三）创新原则

创新能够很好地解决旅游商品的同质化问题。同质化是指不同品牌的同类产品在设计、包装、功能，以及宣传等方面的模仿与抄袭，这直接导致了商品的雷同，目前这种同质化的现象已经严重影响了旅游商品的吸引力。消费者都希望买到独具特色的旅游商品。因此在开发时就应该符合消费者的心理需求，重视新产品独创性的开发，激发消费者的购买需求。商品开发的创新之处主要包括：观念、设计、技术与机制创新等方面。应该充分挖掘各旅游景区的独特性，开发出具有独特文化价值，符合市场需求的创新性产品。通过对各个景区特色文化内涵的主题转化与融合，使旅游者产生更多的文化想象与回味的空间，这样消费者才能真正觉得物有所值，感觉自己带走的不仅是旅游商品，更是当地的文化。与此同时，注重系统研发，开发系列商品，使商品具有更高的价值。

（四）生态化原则

旅游商品的开发应该秉承不破坏自然环境，与生态环境相协调的原则。由于一些旅游商品的大部分原材料取材于大自然，如果对其过度开发不仅会导致生态失衡，还会弱化旅游地独特的民族特色，使其由于丧失鲜明的个性而逐渐失去吸引力。因此，旅游商品在开发的过程中不能只重视经济利益，还要兼顾生态环境的平衡。

旅游商品的开发不能以牺牲环境为代价，它必须是生态的、可持续的。不可再生或再生速度过慢的资源不宜开发为旅游商品，例如，某些稀有的名贵野生植物药材、野生动物、稀有矿石类资源都不能作为旅游商品去开发，这类资源一旦商品化、市场化之后带来的破坏都是不可逆转的。但是土特农副产品可以利用规模化养种来进行开发，从而避免对环境带来的破坏。旅游商品的生态性也体现在旅游商品的健康性方面，其不能对人的身体产生危害，例如，旅游食品添加剂不能超标、卫生环境要有保证。旅游商品的生态性还体现在对环境的影响上，在生产旅游商品、消费旅游商品时不能造成环境污染。

（五）扶优扶强原则

旅游商品的开发与规划，不能盲目地"遍地开花"，应该坚持重点开发、扶优扶强的原则。集中扶持一批基础条件比较好、竞争能力比较强的旅游商品生产骨干企业，使其尽快形成规模化和产业化生产。例如，贵州少数民族的传统蜡染，图案花纹千姿百态，而且每一种元素都拥有自己背后的文化机理和历史故事，像"蝴蝶妈妈""太阳风"等。在旅游商品的实际开发中，可将这些相关的故事传说融入产品的表现形式中，再以深厚的文化背景进行衬托，赋予商品更多的创意元素，以增加其附加值和吸引力，体现商品的创新性与个性化。同样，民族文化也通过多样化的旅游商品文化创意表达而得以保护与传承。

（六）连锁销售原则

连锁经营具有便利性、协同性，而且能更好地控制成本，因此连锁经营也非常适合旅游商品的开发和规划。很多优势企业不仅在经济快速发展，竞争日益激烈时仍然处于强势地位，而且在其主动要求继续扩大规模的同时，市场在客观上也需要这些企业能够继续扩大规模，这样就促进了连锁经营与市场的扩大。因此可以说，各种各样的连锁销售是优势企业扩大规模的有效途径。

（七）政府主导原则

政府主导原则体现在政策扶持和组织协调上。在进行旅游商品开发时，一方面政府部门要进行宏观引导，对旅游商品开发标准进行科学论证，力求突出特色，同时给予开发企业和单位在资金、政策、税收、组织、人力等方面的扶持和帮助。另一方面，由于旅游商品的开发与规划涉及许多相关的行业和部门，旅游主管部门需要进行协调和沟通。例如，中国香港被称为"购物天堂"，因其绝大多数的货品没有关税，物美价廉。香港各区都有大型商场，如太古城、沙田新城市广场等。除了有大型百货公司之外，还有各类商店和食肆。香港旅游购物的蓬勃发展，一方面得益于香港良好的区位、完善的基础设施、发达的经济条件，另一方面，特区政府和香港旅游发展局也给予了最大的支持。政府带头，使香港的旅游资源重新整合组织起来，形成了巨大的合力，取得了巨大的成功。在政府指导下，为配合旅游购物节，餐饮行业推出了美食节，延长了营业时间，为游客提供方便；航空公司也推出了一系列机票优惠活动；香港湿地公园、维多利亚港、迪士尼乐园等旅游景区增加了具有特色的娱乐表演项目。香港旅游购物节向游客展示了多元化、多层次的香港，给游客带来非比寻常的旅游体验，不仅满足了游客个性化的需求，也使得旅游消费层次化、多样化，延长了游客的旅游时间，创造了购物机会，提高了旅游业的整体收益。

四、旅游商品开发与规划的依据

（一）法律依据

与旅游商品开发相关的法律依据包括两部分：一是有关商品和消费管理的法律，二是有关旅游规划和管理方面的法律。

相关的重要法律法规主要包括：《中华人民共和国产品质量法》《中华人民共和国价格管理条例》《中华人民共和国消费者权益保护法》《中华人

民共和国专利法》《中华人民共和国商标法》《中国名牌产品管理办法》《对外贸易法》《货物进出口管理条例》《中华人民共和国旅游法》《旅游发展规划管理办法》《中华人民共和国文物保护法》《中华人民共和国环境保护法》《风景名胜区管理暂行条例》《风景名胜区管理暂行条例实施办法》《旅游标准化工作管理办法》等。

（二）国家与地方标准

与旅游商品相关的还有很多国家层面与地方层面的标准。

国家标准主要包括：《旅游资源分类、调查与评价》《旅游规划通则》《旅游区（点）质量等级的划分和评定》（修订）《风景名胜区规划规范》《中国优秀旅游城市检查标准（修订本）》等。各个地方也有相关的标准，例如，关于休闲购物街区的质量评定标准与旅游商店等级认定标准等。

（三）政策依据

主要指旅游职能部门和相关部门下达的日常管理文件和政策指导等。例如，2001年为落实国务院《关于进一步加快旅游业发展的通知》中"大力开发旅游纪念品、手工艺品和特色商品，努力提高质量，促进产销紧密结合。建立多渠道、多形式的产销体系，增加旅游创收、创汇"的要求。

（四）行业公约

旅游商品行业（同业）协会是国家和地方旅游商品管理的自助组织，相应地，该组织形成了一定的行业公约，例如，《旅游休闲购物街区评定管理办法》《旅游购物商店等级评定管理办法》等。

旅游商品开发与设计

第二节 旅游商品开发与规划的内容

一、旅游商品开发的主要内容

旅游商品开发是一个系统工程。它以旅游商品资源为基础,以商品设计生产企业为主体,以商品销售为依托,涉及旅游商品的市场调查、设计、生产、运输、销售等诸多环节。

(一)建立旅游商品的分类、调查与评价体系

建立旅游商品分类、调查与评价体系对于旅游商品开发也非常重要。但是目前对旅游商品的相关概念界定、商品分类、商品的调查与评价都没有形成广泛的共识,更没有规范统一的标准,这种散乱的现象制约了旅游商品的开发与发展。因此,首先应该进行实地的调研与分析,需要对旅游商品的种类、功能、结构、性质、规模、分布与开发条件进行准确的调查和分析,从而衡量与评估出精准的商品数量与质量,评估出各类商品所处的实际地位与实际情况。

(二)旅游商品的生产开发

主要加强旅游商品的开发力度与提高生产能力。例如,强化旅游商品研制和生产的力度,通过成立旅游商品研制机构,充分发挥民间工匠和艺人的

潜能；对旅游商品的开发进行大力扶持，创立名牌旅游商品。扩大旅游商品的生产，不但要改善过去传统的手工方式，还要加入新科学、新技术，并且要保持手工艺产品的特色，也就是要两种方式并存。根据当地原材料的特点进行研发，不但可以节约成本，还具有地域化的特色；利用本地区特有的原材料，设计开发具有本土特色的旅游产品，采用传统手工艺进行加工和制作，呈现给游客原汁原味的传统旅游产品。景区要发挥旅游商品研发、销售工作的主体作用。景区是旅游商品研发、销售工作的主体。每个景区都需将旅游商品规划作为整个景区战略规划的重要内容，建立专门化的组织架构或部门，提前规划好开发制作景区旅游商品的步骤和优势，有计划地开展旅游商品业务的部署工作。景区领导及管理人员要认识到旅游纪念品在整个旅游链条中的重要地位，在企业内部形成景区单位各部门共同支持的合力，在外部积极寻求政府部门和享有优势资源的机构和企业的支持。

（三）旅游商品营销开发

在旅游商品进入市场时，要建立稳定的营销体系，需要广泛地调研市场与消费者的需求情况，及时调整商品的经营方向。在经营中还要大力进行宣传与促销活动，通过广泛的渠道来积极宣传各类地方性的旅游商品。经营过程中要始终贯彻消费者至上的经营理念，重视消费者的主体地位，维护消费者的合法权益。与此同时，经营者与管理者要非常重视商品的质量，质量是商品的生命，一定要积极打击各种劣质产品，自觉进行诚信经营。此外，还要积极树立品牌意识，建立独特的商品品牌，充分兼顾地方性、实用性、艺术性与纪念性。只有不断努力，才能树立起商品生产和销售企业的信誉，进而建立起持久有效的营销体系。

二、旅游商品规划的主要内容

旅游商品规划是目前新兴的专项旅游规划,主要内容涉及以下方面。

①广泛分析旅游商品的历史、发展现状、存在优势和制约因素及其与相关规划的衔接。

②调研消费市场的需求、消费与其他情况,预测出规划期内消费市场的各种需求及其要素。

③对旅游商品的现状进行调研和分析,并科学分析与评价旅游商品资源的情况。

④提出旅游商品的主题形象与发展战略,指出旅游商品产业的发展目标与现实依据。

⑤指明旅游商品开发的内容、特色与主要方向,并对重点的旅游商品项目进行时间与空间上的合理安排与规划。

⑥对规划区的道路交通、餐饮和住宿等接待设施进行总体布局。

⑦遵循可持续发展的原则,提出平衡开发与保护开发的合理性措施。

⑧提出实施规划的保障措施,例如,组织机构、人力资源、旅游商品安全系统和环境卫生系统等。

⑨分析规划的投资情况,包括设计、生产与销售各个环节的设施建设、商品市场与人力资源市场的投入与产出的分析等方面。

第三节　旅游商品开发与规划的措施

一、旅游商品支持系统开发措施

支持系统是旅游商品开发的基础和重要保证。旅游商品支持系统包括：管理组织、政策法规、宏观指导和调控、相应的造势和协作行为。

（一）政府指导

旅游商品的设计、开发根植于本地的自然资源、文化资源。旅游商品品牌的建设和渠道的运营离不开地方媒体和地方商业资源的支撑。旅游商品产业的投融资离不开地方金融及财税政策的支持。旅游商品和购物旅游的发展不仅仅要依靠景区和相关企业，还要通过政府牵头、上下一体，共同构建旅游商品体系，共同参与旅游商品运营的共识。旅游商品的发展需要规范化的模式、机制和制度作为支撑，以保证科学、合理、健康的发展方向和态势。

政府应该促进旅游商品的开发，并对其进行积极地引导和扶持。由于旅游商品的开发涉及很多相关的行业和行政主管部门，因此需要政府在政策、税收、投资与材料供应、配套服务等各个方面给予扶持，积极鼓励越来越多的相关行业、相关的科研院所和大专院校广泛投入到旅游商品的开发中来。与此同时，需要相关的主管部门及时论证和出台各类旅游商品的开发标准，力求突出文化性、地方性、品牌性、现代性与创新性。

政府要积极进行政策方面的引导,借鉴国际和发达城市的经验,制定出各个阶段的主要工作与发展目标,既要有数量的目标,也要有质量的目标。还要制定出适用于旅游商品设计、生产与流通的相关政策措施,广泛地调动起设计者、生产者与经营者的积极性,要能够从市场经济发展的角度积极解决不断出现的各种问题。

政府还要扩大投入的力度,各级财政需要定期安排各类专项资金支持旅游商品开发、宣传与营销活动。金融部门也要大力支持旅游商品开发项目,并优先给予贷款。与此同时,也要充分调动各方力量,广泛吸引社会上的各类资金,鼓励多种经济成分的组织和个人积极参与到旅游商品开发、宣传与营销中来,发挥市场自身的融资功能。

(二)成立旅游商品开发的领导组织

成立旅游商品开发的领导组织对于行业发展非常重要。各地成立专门的旅游商品开发领导小组,是统一领导与协调地方旅游商品开发的重要问题。领导小组的组长主要由分管工业的领导来担任,各成员单位主要涵盖经贸、建设、旅游、财政、工商、文化、卫生、农业、渔业等各类相关的单位和职能部门。领导小组下设的办公室设在旅游部门,主要负责统一协调商品的设计、研发与生产、销售。如果遇到重大问题时,由领导小组进行领导,办公室进行安排,各单位共同协调解决。各级各部门也应该同时加强对商品开发工作的重视,成立相应的专门的组织机构,建立目标责任制,确保目标落到实处。领导小组应充分发挥对旅游商品行业分类管理的职能作用,负责制定行业发展标准和政策,统筹规划和布局,协调各相关部门,引导行业投资,牵头组织相关大型活动等工作。为有效推动企业联动发展,可在该小组的指导下，成立旅游商品企业战略联盟，力图将旅游商品引到健康有序的发展道路上去。

（三）成立行业管理协会

由于目前多数旅游商品开发者分属于各类企业，不适合职能部门的统一管理，所以应该成立专门的商品开发行业协会，进行行业统一管理。行业协会属于半官方的事业单位，应该是由政府拨付经费的权威、高效机构和各企业自愿组织而成。协会能够协调和促进各成员企业的发展，并对其进行指导和监督。协会应该具有明确的章程，明确规定各会员的义务与权利。

（四）建立旅游商品研发中心

旅游商品是传播文化和交流情感的载体，要开发设计出有品位、有内涵、有独特性的旅游商品，就需要相关部门积极提升研发能力，积极建立旅游商品研发中心。这样可以建立研、产、供、销的良好机制，加强研发力量，促进更新换代，促进旅游商品走上社会化、集团化与规模化的经营之路。商品的研发要坚持以市场需求为导向，并因地制宜地提出开发与实施的规划与措施。旅游商品研发中心还要积极与相关的高校和科研院所、各行业相关设计技术人员进行广泛和长远的合作，开发设计出具有创意的旅游商品。在这个过程中既充分利用了各类科研资源、理论基础，又积累了实践经验，又吸收了高校学生的独特个性和创新思维，能为旅游商品在研发、策划、推广、营销等方面提出更多的思想与建议，产生更多切实可行的商品开发案例。旅游商品研发中心要接受地方旅游商品企业的业务咨询，以"低成本，高质量"为轴心指导其生产的工艺和材料的选取。旅游商品研发中心要配合地方旅游管理部门，策划组织旅游商品的内外宣传促销活动，开拓销售渠道、搞活商品流通领域,并通过提高旅游购物环境的吸引力,以形成浓厚的购物氛围,正确引导大部分旅游者的购买行为。为了推动旅游商品的研发、生产、销售的产业化以及品牌化进程,当地可以举办旅游商品研发培训班,邀请旅游主管部门相关负责人、旅游商品企业负责人、相关景区景点旅游商品研发、经营人员以及高校的艺术设计专业师生等参加培训,邀请旅游商品行业知名专家开展旅游商品开发趋势、旅游商品创新和创意设计等方面的培训。培训要立足于市场需求并结合当地文化旅游商品开发的实际情况,通过专业讲解、技巧面授、案例分析、资源挖掘、重点解析、作业辅导、实地采风以及交流研讨等多种形式进行。旅游商品研发中心可以定期举办当地文化旅游商品设计大赛,评选出优秀的旅游商品,给予一定的奖励,并积极推荐其参加省市级、国家级的旅游商品大赛,最后对获奖商品采取购买专利权的方式由当地企业进行批量生产,并在旅游景区进行销售。

(五)设立旅游商品发展专项基金

政府需要在资金上支持旅游商品设计生产。为了推动其持续有效的发展,政府应该设立专项基金,并将其纳入每年的财政预算,由相关的财政与旅游部门一起负责管理。资金主要用于商品的设计、研发与生产,积极支持与大力开发那些具有地方特色与文化内涵的产品,并引进科研团队与科研项目对旅游商品研发进行全面的支持。专项基金还要用于那些研发资金不足的企业与相关组织机构,补贴研发中所急需的资金。当这些资金不足的企业与相关组织机构向银行贷款时,政府应积极实行贴息贷款政策,极大地调动其积极性。要争取尽快扶持出一大批文化品位较高,具有地方民族特色,并且能够积极服务地方经济的企业和相关组织,大力推进旅游商品产业的发展。

（六）制定旅游商品发展规划

合理规划与制定行之有效的全国性的与地方性的旅游商品发展规划，是推动旅游商品开发管理的一项重要工作。在我国的实际工作中，要制定国家与省市各级的发展纲要，具体指导全国与地方的旅游商品实现高质量的开发、生产与销售。对于那些旅游商品发展潜力大的市县，要结合发展纲要积极进行指导与支持，并结合市场需求与发展趋势，进行商品的开发、生产与销售。

（七）保护旅游商品知识产权

要加大保护旅游商品知识产权的力度，就要不断增强政府的监管与保护力度，严厉打击那些盗版抄袭和弄虚作假的劣质产品，积极维护商品设计者与生产企业的合法权益。保护知识产权是支持商品开发的重要内容，知识产权直接影响商品的发展前景，直接关系到商品设计、生产与销售企业的合法权益，但是目前的知识产权问题却是薄弱环节，造假和侵权行为层出不穷。应该通过旅游商品协会和相关的法律法规，加大对知识产权的保护力度。

二、旅游商品生产流通系统开发措施

（一）深化旅游商品生产企业改革和产品创新

政府通过指导、扶持、宣传等手段，制定出合理的旅游商品开发策略，并将开发策略纳入旅游产业整体的发展规划，与此同时，要加强政府的宏观指导，深化旅游商品生产企业改革和产品创新。一方面积极培育那些具有特色的生产企业，引导特色商品的开发与生产，推动成立政府主导的专门研发单位，或者鼓励各类企业加强合作，把那些研发实力雄厚、市场竞争实力强大的企业或者集团组织起来，提高研发的效率，推动创新发展。另一方面，要鼓励民间资本积极投向旅游商品生产，可以设立特色文化旅游商品开发专项基金，奖励有突出贡献的企业和个人，营造商品研发的良好氛围，提高特色文化旅游商品的研发能力。政府为当地旅游商品的开发提供政策支持和资金支持。例如，实地考察特色文化旅游商品生产企业的情况，对那些有发展潜力但资金短缺的企业，应给予资金支持和发展指导。对新注册成立的旅游商品生产开发企业，政府部门可以给予一些税收优惠，鼓励其发展。当地政府应联合工商、产权管理部门等相关单位针对特色商品的知识产权实施大力保护。要积极按照国家的相关保护政策，加强对民族工艺的抢救与保护工作，优先扶植一批有实力的企业，使之发挥带头作用，带动整个行业的健康有序发展。政府要积极发挥引领作用。例如，政府通过各种渠道来积极宣传当地的旅游商品，这样旅游者可以更多渠道了解和更加信赖旅游地的知名品牌与特色商品。政府和相关部门还要利用和创造机会，使民族工艺有机会到国外平台展销，推动民族工艺走向世界。相关机构和组织要实时搜集各种特色文化的旅游信息资讯，准确把握商品开发的市场发展方向并及时反馈给企业。组织国内外的专家学者参与到特色文化旅游商品的研发设计中去，使特色文化与外地学者掌握开发的技术充分融合起来，共同开发真正能满足旅游市场需求的特色文化商品。政府在做好政策扶持的同时，还需要建立良好的旅游商品管理工作机制，以发挥其宏观指导作用。因为良好的管理机制能将旅游商品的开发所涉及的各环节（创意构思、研发设计、生产、销售、后续服务）联系起来，使其成为一个整体并灵活运转。

（二）充分利用地方资源优势和行业优势

旅游商品的生产需要地方工业的大力支持。其在设计与开发时，应该充分考虑和借助当地的工业优势与资源优势。一方面，积极设计、生产与当地工业优势相结合的旅游商品，能够降低成本，经济效益也相应会得到提升；另一方面，旅游商品的不断发展，能够成为新的经济增长点，促进地区经济的增加，也能够促进当地优势工业的发展，还能够解决当地的就业问题，推动社会的发展。

在历史文化深厚和博物馆事业发达的地区，可以借助相应的文化部门的力量来进行专项的旅游商品开发，如北京、西安等城市，因为博物馆具备满足旅游者需求的购物功能，可以给博物馆带来相应的收入与盈利。一方面，实现以文补文的积极效果，增加了博物馆的资源利用率。博物馆应该加大发展文化产业的优势，积极运用开发经营权，努力打造和开发出蕴涵民族特色、历史文化价值的旅游商品。世界上很多博物馆都做得非常好，例如，大英博物馆、卢浮宫博物馆、北京故宫博物院等都积极研发文化产品，并取得了成功，其商品受到全世界消费者的喜爱。另一方面，文化商品的开发还能够使博物馆的社会功能得到增强。随着经济的发展与人们收入的增加，消费者的购物心理与消费理念也在不断发生变化，单纯的参观已经不能满足很多消费者的需求。但是，目前的大多数博物馆对于文化商品的开发不够成功，博物馆商店里销售的大多数还是质量较差和缺乏创意的纪念品。因此，研发优质的产品，不仅可以满足消费者的消费需求，而且有助于提高博物馆的形象与知名度。

各地的风俗传统和文化特色各不相同，这些风俗文化有的保护得相对完整，而有的因为年代久远被人们遗忘。我们就是要把这些不同地方的文化发掘出来，结合现代旅游业的需求和制作工艺，以不同的地方为单位建立起产、供、销有机结合的供销链条。例如，韩国、日本、泰国等很多旅游商品发达的国家都推出"一村一品"的发展营销策略，这种策略是以村庄为基本单位，开发出具有当地特色的旅游商品,既提高了当地的知名度与竞争力,又增加了经济收入,促进了当地的就业。例如,泰国的有些村镇专门生产泰丝、雨伞与花卉等旅游商品,旅游者既能够参观自己喜爱的旅游商品的制作全过程,也可以亲自体验制作过程,最后还能够购买自己亲手制作的商品。这种以村庄为单位的旅游商品制作销售布局有很多优势。首先,可以因地制宜地根据当地的物产、文化、经济实力,加工制作适合当地销售的旅游商品,实现资源利用的最大化;其次,不同的地方供应不同品种的旅游商品避免了旅游商品的同质化;再次,可以使旅游商品的生产更加专业化,从而提高劳动生产效率,提高商品和地方的知名度。

(三)采用新工艺、新材料和新创意来生产旅游商品

很多地区在进行旅游商品开发时,主要在新材料、新工艺上进行探索和改进,积极采用高新技术,改造和提升现有旅游商品生产企业水平,通过将传统的民间工艺与现代的科学技术相结合,丰富了旅游商品类型,同时提高了性价比,满足了中低层消费者的需要。例如,湖南的土家织锦改良了织造设备,从窄机改为宽机,并减少了织造程序,提高了生产效率;原材料由传统的土制,改为现代新型的化学纤维材料。湖南还率先研究出竹雕机械,实现了半机械的竹制工艺品生产。

在开发旅游商品的过程中,即使没有特色设计,但是工艺水平较高,同样也会受到旅游者的喜爱,同时也可以达到宣传当地旅游文化和提高利润的目的。商品的售卖场所和制作工艺决定了其本身价值。同样一个钥匙扣,在地摊上和在精品店中,或者制作工艺精良和做工落后,其商品价格可以相差数十元甚至上百元。以香港为例,同样也是钥匙扣,却是按照具有香港代表

性景点外形制作的，心思细腻、做工考究、大方美观，不会出现褪色等现象，它的价格可以高达几百元一套。由此可见，提高旅游商品的生产水平和质量是促销旅游产品的基础。对旅游商品的开发和研究，不仅可以促进当地的旅游产业，同时还可以提高综合的经济效益。例如：贵阳青岩古镇的民族特色布艺人偶，可以把人偶销售与人偶话剧、戏剧、微电影等表演结合起来，模仿迪士尼乐园营销思路，用影视文化来推动人偶销售。

另外，可以对现存知名景观加工或整修后剩余的物料进行重新设计与生产，形成新的旅游纪念品，供旅游者进行选购与收藏。例如，在法国的埃菲尔铁塔百年纪念重修时，一些开发商研究消费者的消费需求，廉价购买了拆卸铁塔的废旧钢材，独具匠心地制作出铁塔模型等多种旅游商品，并与官方合作颁发了铁塔原物制品的相关证明，这样更容易吸引消费者，更大程度地满足了消费者的消费需求，取得了商品设计、开发与销售的成功，获得了不菲的经济效益。类似的成功做法还有美国"自由女神"造像时的下脚料，如岩石、铁、铜等余料制成的纪念品，柏林墙石块做成的纪念品等。

（四）推出与旅游者购买力相适应的系列旅游商品

长期以来，大部分旅游企业对待旅游商品的态度是有什么就卖什么，"靠山吃山，靠水吃水"。这样的思想严重制约了旅游企业的发展，致使他们很少去研究游客喜欢什么样的旅游商品。而要加快旅游商品的发展，就必须更新观念，认真地去分析旅游者的购物心理、购物偏好，从而结合当地的特产、特色，以消费者的需求为导向，精准开发、生产和销售旅游商品。

为了满足各类不同的经济收入水平、社会地位与消费需求的消费者的需要，旅游商品可以采用不同等级的包装材料，进行不同工艺的包装设计。既可以设计出高贵奢华的高档包装类型，也可以设计出简洁实用又价格实惠的低档的包装。随着人们环保意识的加强，各类环保的可以循环利用的包装材料更加受到消费者的欢迎。

（五）提供产、供、销的代理平台

要在场地、信息、资金和资源上为旅游商品生产企业和相关的企业提供便利的条件，例如，在安徽芜湖、湖南张家界、广东佛山等地建立起有关旅游商品产、供、销的代理平台。

三、旅游商品的市场开发措施

（一）大力宣传旅游商品

旅游商品与普通商品不同，旅游商品是旅游地独特的商品，不仅是旅游地吸引游客的重要内容，甚至是当地的重要标志。所以，应该通过各种渠道和方式加大宣传力度，努力提高商品的吸引力与知名度，通过不断地宣传吸引游客并使其产生消费欲望。

要不断加强旅游商品与整个旅游行业的有机结合，充分借助庞大的客流量来带动商品销售。要不断创新宣传理念，不仅在旅游项目、旅游资源与旅游线路的开发中进行旅游商品的营销，同时也要在旅游途中与宾馆酒店里增大宣传力度。通过不断地宣传与介绍，反复展示商品的纪念价值、实用价值与艺术价值，使旅游商品日益成为旅游过程中的必须消费品，实现商品销售与服务行业的双赢。旅游地还可以定期举办一些与旅游商品设计相关的竞赛，逐步丰富和完善竞赛的内容，并通过对竞赛与获奖作品的大力推广，扩大竞赛的知名度与参与度，推动商品质量不断提高。此外，还可以开展各种各样的展销会和丰富多彩的购物节，并进行广泛的宣传和营销。

（二）旅游商品的销售开发

营销是旅游商品走向市场的基本途径。旅游商品必须经过市场的检验，因为商品只有通过销售才能到达消费者的手里，所以销售量是检验某种商品被接受和认可程度的重要衡量指标。要使游客满意，才能增加旅游产品的销售量，要克服销售中"两多两少"的现象。克服"两多"，就是要克服同质化的商品过多的现象，克服粗制滥造的商品过多的现象。克服"两少"，就是克服市区旅游商品专营店较少的现象，克服景区旅游商品店中具有当地特色的商品过少的现象。

扩大旅游商品销售量，需要重视以下三点：一是需要在人口流动量大、商业繁华的地带设立专营店，或者在营业效益好的大型商场中设立专柜。二是重点扶持一些产、供、销一体化的旅游商品公司，并在旅游景区与商业中心设立一些相关的连锁店。由于连锁店的信誉较好，质量与价格能够得到保证，所以更容易使消费者放心购买。同时要加强监管，统一管理那些流动商贩，并严厉打击那些贩卖假冒伪劣商品的不法商贩，确保销售市场的健康有序发展。与此同时，要提高服务质量，提高营业者素质，创新销售的方式方法，提高产品知名度，推进品牌建设。三是要建立一些物美价廉的优质大市场。大市场的建立不仅能够节省消费者的时间，还能够实现良性竞争，提供货真价实的商品；同时集中销售，也便于监管部门进行集中监管，可以有力打击不法行为，切实维护消费者的合法权益。

（三）执行旅游佣金制度

旅游佣金制度是较为科学、完整的佣金收受、结算、管理与监督制度，

 旅游商品开发与设计

规范了之前不合理与不合法的"回扣"方式。旅行社、营业店等企业与导游公司作为参与主体,对在商品销售中产生的佣金要进行合理、合法的收受。

收取合法佣金是一项国际惯例。合法佣金是公对公的佣金,定点营业店将其利润的一部支付给相关的旅行社,其主体是旅行社而不是导游个人。建立健全佣金制度,可以从源头遏制那些由来已久的不合法的"回扣"问题,可以有效规范和整治旅游市场。

(四)完善购物环境

旅游购物不同于一般的商品交易,它更多地表现为一种旅游休闲方式,因而对旅游购物环境和服务水平的要求较高。很多旅游景区的购物环境和服务水平都较差,致使消费者无法产生购物的欲望。因此,要不断改进经营水平,严格规范市场秩序,不断改善质量、价格、服务、环境等各方面因素,营造工整、诚信、文明、健康的营商环境,让消费者能够真正做到放心消费。

良好的购物环境可以使消费者产生购物的冲动,良好的环境更容易让消费者心情愉悦,从而产生消费的欲望。因此,需要探索购物方式由被动式向主动式转变的新思路,即针对目前游客在旅行中由导游安排购物、即兴购物等被动式购物情况较多,导购服务无法满足游客的需求等问题,可考虑把旅游商品的品种、价格、销售地点等资料输入地方旅游网,这样游客可以从网络中获取信息,自主地、有针对性地进行购物。可以通过分期分批对旅游区(点)的旅游商品销售摊点进行整顿,规划旅游区(点)内外商品销售点的规模和数量。采取有效措施,引导旅游区(点)销售那些能够体现本景区(点)特色的旅游商品,增加旅游商品的创收、创汇。

完善购物环境有以下几个要点:一是营造安全便利、设施齐全的硬件环

境。在景区、火车站、长途汽车站、宾馆饭店、商店及旅游购物街区设立"老字号企业"商店和名优旅游商品专卖店,开设游客服务中心或旅游商品连锁超市,改变旅游商品分散无序的分销状态。购物场所的布置应当呈现出各自不同的风格,店铺的装潢要渲染文化、艺术或时尚气息,注意与周围的环境相协调。除基本购物设施之外,较大规模的旅游购物场所还应配备现代消费者所需要的一些辅助购物设施,例如,自动取款机、防火警报设备、存包区等。二是旅游部门、物价部门与工商部分相互配合,确保市场秩序的公平公正与健康有序。严厉打击各种不法的经营活动,规范行业监管,为消费者提供良好的购物环境。提高旅游商品的质量,规范旅游商品的价格,能够帮助提升消费者辨别真伪的能力。三是建立生产标准与商品质量认证的相关制度。积极与相关部门进行合作,共同监管商品的质量,及时广泛地开展商品质量与销售服务质量等方面的调研工作,对调研反馈的情况及时进行总结和改进,真正做到切实提高产品质量和服务质量。督促景区旅游商品工作标准的建立,促进完善和发展相关组织架构、工作制度和运营制度,对工作突出的景区给予表彰和鼓励,激发旅游商品产业健康向上发展的热情。四是加强对服务人员的服务态度、服务技能、专业知识等多方面的指导和培训,强化其服务意识,以便更好地向游客进行宣传和讲解。

(五)完善旅游商品的售后服务监督管理机制

在商品开发的过程中,不仅要关注商品的设计与开发等重要环节,也要重视商品的售后服务环境,建立科学有效的售后服务机制,提升商品的服务水平。不断完善售后服务监管机构,通过设立投诉热线、投诉平台等各种渠道对商家进行有效监管,并形成长效机制。这样就可以让游客更加便利地对

购买旅游商品时遇到的问题及时进行投诉,并由统一投诉处理渠道及时为游客提供解决方案,让游客可以比较便利地解决在旅游商品购买中遇到的问题,有利于提升游客的满意度。

对于旅游商品售后服务机制的建设,还需要从旅游商品的生产厂家及经营销售方进行优化。首先,对于旅游商品的生产厂家,应该加强在旅游商品生产过程中的质量把控,提升产品品质,在保证产品具有旅游商品的独特性特征之外,还需要具有一定的实用性特征。旅游商品在出厂时有较高的品质保证,就可以从源头减少旅游商品在交易中出现的争端。其次,对于旅游商品经营商家来说,应该诚信经营,为游客提供更加透明的交易环境。当游客对商品不满意时,商家应及时给予解决。在旅游商品开发中不仅需要加强售后服务等机制的建设与补充,还需要对旅游商品服务的内容不断完善,例如,部分的旅游商品可以提供游客提前体验或者七天无理由退换货等商品销售的政策。这些都可以作为优化游客购买体验,提升游客对旅游商品满意度的方式。

四、旅游商品的人力开发措施

旅游市场的竞争归根结底是人才的竞争,在旅游商品的开发上同样如此,所以,坚持人才资源开发是旅游商品可持续发展的根本保证。

(一)旅游商品人力资源现状

1. 旅游商品从业人员专业水平与综合素质有待进一步提高

由于种种原因,部分旅游商品从业人员还是高中以下学历,大专及以上学历的很少;加之在岗培训机会较少,导致整体专业水平及综合素质不够理想。具体表现在：旅游商品从业人员经营管理运作欠科学规范、服务态度生硬、服务水平不高等方面。这一状况如果得不到有效改善，地方旅游业的整体形象和发展后劲将受到影响。

2. 旅游商品从业人员数量有待进一步增加

随着旅游行业的不断深化发展与产业结构的不断优化，对于高水平和高素质的从业人员的需求量也日益加大，而目前高水平人才匮乏的现状严重制约了旅游产业高质量发展。不管是从旅游产业自身的发展角度来看，还是从解决社会就业的角度来看，旅游商品从业人数都有待进一步增加，因此必须加强旅游商品从业人员的培养，实现旅游商品人才储备事业的可持续发展。

（二）旅游商品人力资源开发原则

1. 培养旅游商品意识

长期以来，国内对旅游商品产业发展意识比较淡薄，长期存在产业结构不合理的现象，例如，重视旅行社与宾馆等方面的建设，轻视旅游商品的研发和营销。这种不合理的现象导致旅行社和宾馆过量，而旅游商品产业则远远跟不上旅游行业的发展。所以，应该强化各级各地方领导和行业负责人的旅游商品发展意识与指导能力，使其对旅游商品的种类和范围有一个科学的认识，从而切实指导旅游商品产业的快速发展。

2. 旅游商品人才开发适度超前

旅游商品人才规划是整个旅游行业总体发展规划的一项重要内容，目前的行业人才非常紧缺，需要实现旅游商品人才开发的适度超前，这有利于旅游业的快速发展。因此，要从发展思路、政策措施与资金投入等诸多方面加大支持力度，力求使旅游商品的人才总量能够满足行业的发展水平与发展规模，并合理规划旅游商品的人才结构，不断提高旅游商品人才的素质，实现旅游商品人才能够适应旅游行业的高速发展与高质量发展。

3. 优化结构，健全体系

一个地区旅游业的发展需要一支专业水平高、多层次的旅游商品从业人员队伍。而建设一支结构优化、体系健全的旅游商品从业人员队伍，也是地方旅游商品产业发展的保证与前提。

（三）旅游商品人力资源开发措施

人才开发不仅要实现数量的合理增加，更需要把道德水准、职业能力与创新精神等专业素质摆到重要地位，并不断优化人才的素质、能力与专业等方面的结构，全面提升旅游商品人才的质量。不断树立"大旅游教育"与"人才市场"观念，要能够适应市场经济的快速发展需求，充分运用市场手段与竞争机制，积极发挥各类高校与培训组织的作用，调动其积极性、主动性与创新性。要不断建立与完善人才的市场体系，推进人才开发的市场化，按照市场规律对人才资源进行合理规划。

1. 旅游商品专业教育

成立相关的教育机构，开设旅游商品相关的各类专业，大力培养急需的各类旅游商品人才。并利用现有资源，积极与旅游院校、商业院校与艺术院校等相关的院校进行合作，开办旅游商品相关的研修班与培训班，有针对性地进行人才培养。在一些课程的规划与设计之中，需要增加相关的教学内容，提升学生的综合素质和多种能力。例如，旅游商品开发设计专业的学生应该增强管理方面的知识，设计中融入历史、人文元素，使学生对旅游商品的宏观管理有一定认识和了解。在加强旅游商品专业教育的基础上，相关旅游管理部门及旅游商品生产企业应重视对传统艺人的重视,通过制度保障、待遇提升等方式,挖掘民间艺人和工匠,鼓励他们继续进行传统旅游商品的制作和创新开发。在定期举办的旅游商品博览会、旅游商品设计大赛等活动中,为民间艺人和工匠提供展示才艺的平台,尊重他们的设计和制作成果,为他们的作品提供充分的商业化机会。旅游管理部门应出台相应的扶持政策,提供必需的资金对有发展前景的旅游商品进行扶持,加速成果转化。通过这些措施,为旅游商品开发经营人才的培养奠定坚实的基础。

2. 旅游商品职业培训

第一,成立一些旅游商品内容相关的在职人员培训组织,并积极设立岗位培训机构,充分发挥行政部门、旅游院校、商品协会、相关企业与培训组织等各方面的作用,推动旅游商品的职业培训。

第二,提高管理者的综合能力与素质。旅游商品管理者需要有驾驭市场等多方面的能力与综合素质,各个企业和相关培训部门要根据自身发展、行业发展与市场需求,不断加强人才的高层次培养。通过国内外的各种组织与培训机构对管理者进行高层次高质量的培养,提高管理者的综合能力与素质。

第三,要积极实施一线开发经营从业人员的培训达标制度。不断实施和完善岗位培训与持证上岗制度。要加强服务能力与专业知识的培训,并加强其职业道德、政治思想、政策法规等相关内容的培训。同时,要重点加强对销售人员的服务能力与水平的培养,还要重视对生产人员的培训,不断提升产品的质量与竞争力。

第四,要积极利用网络教学等现代教育教学方式。建设培训基地的同时,注重远程网络教学,运用各种教学方式全方位地培养人才。积极鼓励高校与培训组织的教师到企业进行挂职，同时鼓励企业人员到高校与培训组织兼职，促进人才培养和行业发展，实现产、学、研一体化，打造一支高水平的师资队伍。

第五，加大政府的扶持力度。政府要制定相关的政策，推动旅游商品职业培训，并大力推进人才市场建设，发挥市场的重要作用。政府还需要积极倡导区域内旅游商品开发与经营人才的合理流动和相互合作，共同开拓旅游商品发展的新天地。

五、景区旅游商品一体化运营的解决方案

（一）构建品牌体系

构建商品品牌需要针对消费者和市场进行实地走访，了解消费者对当地和本景区旅游商品品牌的心理需求。从消费行为方面来看，这也是促进消费的重要因素。因此，需要对景区核心资源和景区文化进行梳理，建立景区旅游商品品牌体系。对品牌进行规划和应用设计，对景区多样的文化元素进行挖掘并精心打造，建立景区主品牌和子品牌的生态谱系，让品牌的内涵、外延的设计集中而明确，使主品牌与子品牌相互独立又互为补充，在一定程度上能够与景区形成相互融合，让品牌形象传递友好的景区内涵，与游客进行直接有效的交流。切实将落地的CIS系统，应用于品牌的每个阶段，设计简短而直指人心的口号，让品牌体系散发强有力的生命力。景区旅游商品品牌将会对旅游商品业务的发展产生以下的积极意义。

一是以品牌应对客户群体的品质质疑。针对调研中发现的存在于绝大多数景区的、游客对商品品质不满和疑惑的问题，经营者可以通过建立品牌，

主动申请各类质保质检认证，从而抵消游客的质疑。

二是以品牌获得高额利润。真正优秀的旅游商品应当有良好的利润结构，因为吸引力强大的设计创意、卓越的品质和优秀的品牌是其价格的强有力保障。而且这些因素解决了购买者最为注重的"送礼有面子"和"使用有质量"等方面的消费心理问题。

（二）延伸产品体系

需要延伸产品的体系，让产品体系为景区旅游商品开发指明体系化方向，传递景区品牌文化理念。产品体系的理念是开发体系化、功能化、价值化和特色化的产品，用产品锁定游客，用产品传递景区核心文化，通过需求导向和情感导向进行旅游商品开发设计，将游客变成品牌的粉丝和产品的长期消费者。产品需要实现创意、资源与现代技术的混搭，针对不同消费群体，开发与景区文化相契合的产品，以创新设计、时尚网络元素等进行创意表达，提升产品价值，拉长产品的生命周期。

（三）拓展渠道体系

以渠道体系的拓展助推旅游商品品牌专业化和全面化运营，实现品牌和产品的传播与覆盖。渠道体系建立需要通过用户的消费行为动向和景区核心资源进行确定，注重用户购物体验，融入景区和城市的核心文化资源，突出景区商品品牌文化。

商业渠道规划通过面向用户社交圈规划360度环绕的营销渠道，让产品服务景区，同时又走出景区的地理局限，成为景区文化品牌，实现品牌和盈利的双重升级。商业渠道主要通过品牌旗舰店、景区市集、景区售货亭、大客户渠道、连锁加盟和跨界营销等方式构建体系。

(四)完善运营体系

运营体系是旅游商品与导游系统、商业系统、导视系统及相关的内部资源和外部资源系统的结合,实现旅游商品运营的规模化和多样化,有体系地面向用户进行品牌推广和产品推广,确保旅游商品运营的持续传播和一体化贯穿。同时,内部建立标准化的培训体系、销售管理体系和绩效管理体系,推动旅游商品业务模块的运营。

第五章 旅游商品设计

第五章 旅游商品设计

第一节 旅游商品设计概述

一、旅游商品设计的内容

旅游商品包含艺术设计、消费经济和地域文化等方面的内容,又涉及商品学、设计艺术学、美学、消费心理学、传播学等多种学科,因而旅游商品创新设计的内容也包含多个层面,需要综合考虑,以达到实用、艺术、市场、文化、地域等多重效用。因此,旅游商品设计需要全面地分析商品与市场、商品与游客、商品与文化、商品与地域等方面的关系,综合考虑多方面因素。

(一)旅游商品的外在形式设计

1. 商品外观包装设计

包装是形象,更是一个商品的要素,是宣传旅游目的地文化的名片,对于提升旅游商品自身的附加值,烘托旅游地文化至关重要。一位游客在很短的时间内接触到旅游商品,需要时间来认识,包装便成为最好的宣传方式。游客一般都比较忙,时间紧张,没有太多时间了解商品的具体内容,商品的包装就显得尤为重要,所以一定要做好包装的设计工作。此外,商品包装的设计也是商品品牌、特征与消费心理等各种因素的综合体现,优质的包装设计更能够吸引消费者。商品包装的设计需要兼顾艺术性与礼品性两种主要性能,同时设计也要考虑将地方特色与艺术价值等重要特性进行有机融合。

2. 商品整体造型设计

商品的造型设计,主要是指商品外观方面的创意设计。过于平凡普通的商品外观,不容易引起消费者的购买欲,甚至会引起审美疲劳。因此,需要提升商品外观的设计水平,增加外观的审美水平,突出其独特性与创造性。在功能相似的情况下,拥有独特外观的商品更容易吸引消费者进行购买。

(二)旅游商品的内在效用设计

1. 材质和制作工艺设计

旅游商品要吸引消费者的注意,以区别于其他普通旅游商品,可以从材质及工艺上进行创新设计,例如,草柳编、丝绣、蜡染、织锦等传统民间工艺,或是运用高科技激光雕刻、磨砂水晶、撒金等现代工艺多角度地进行创新设计。材质能够体现商品的质感,旅游商品的材质不仅能体现质感,而且能够反映地域文化。旅游商品材质的表现是通过制作工艺来实现的。

2. 文化内涵设计

旅游商品设计的过程,就是把当地的物质与精神文化进行有机结合,进行文化创造的过程,因此,设计的过程就是文化设计的过程。设计的目的在于用物质呈现当地的文化,因此文化的价值与意义甚至比功能和材质的设计更为重要。成功的旅游商品设计都是能够展现当地文化特征的设计。游客都希望买到独具特色的商品。所以即便是包装精美,价格优惠,甚至是名牌产品,但是如果缺乏独特的文化价值,无法展现当地的独特性,也无法令消费者满意。

3.品牌艺术设计

旅游商品作为一件产品代表旅游地的形象，同样需要树立品牌。企业要对品牌的价值有足够的重视。因为只有打造出好的品牌，不断提高文化内涵与品位，才能赢得市场，才能最终获得良好的经济效益与社会效益。一方面，好的旅游商品品牌是当地最好的宣传，可以提升旅游地的知名度。另一方面，品牌价值又体现在旅游商品消费者的品牌忠诚方面，好的品牌所具有的附加值也往往会更高，企业可以从中获得更好的经济效益和社会效益。此外，品牌也实现和提高了对无形资产的保护，品牌比商品更具持久性。

二、旅游商品设计的原则

（一）市场需求原则

符合市场需求是开发设计商品遵循的总原则。旅游商品的开发设计必须以市场为导向，需要能够和消费者的消费能力与购买偏好相适合。

首先，一定要对当地的旅游资源与特色进行市场调研，并通过调研的分析与论证情况，把握消费者的消费水平与消费需求等情况，然后再对目标市场的竞争力、营销环境、价格定位、成本与回报等重要因素进行分析。

其次，还要充分调研消费者的文化水平与审美特点，将商品的普遍性与独特性有机结合起来，还要充分考虑到一些销售地区的特殊喜好与禁忌。

最后，一定要以市场为导向，对市场需求进行精准的调研与分析，根据市场需求提供相应的旅游商品，从商品设计开始的整个过程的各个环节都充分考虑市场导向。

（二）文化原则

旅游商品与其他普通商品的区别，就在于它是赋予了旅游文化的商品。它体现了旅游地的文化，包含了民族风格、地方特色等文化内涵，应该能够反映旅游区自然与文化的特色，能够代表较高的审美文化价值，给旅游观光者深刻的印象，吸引游客购买、纪念与收藏。充分考虑地域文化特征，挖掘当地的独特资源，设计与制造具有独创性是重要的原则。商品设计的文化原则，主要是指商品能够体现地域特色，展现文化风貌。那些旅游商品行业发展较好的国家，大多都依靠传统优势，走文化路线。例如，西班牙注重开发斗牛类的旅游商品，服装和各种旅游纪念品都带有斗牛相关的元素。

中国的旅游商品也要注重文化原则。例如，桃文化在中国传统文化中占有重要地位。桃树与桃，并不是普通的树木与果实，它们被赋予了非常多的文化内涵。桃文化主要体现在两种重大场合：一是在一些重要的岁时节日里，桃都扮演了重要的角色。例如，一些地区春节要"饮桃汤"。二是人生的重要仪式。例如，一些地区有生孩子要用桃枝"挂红子"，以桃核锁"过百岁"的风俗。老人生日儿孙们以寿桃为老人祝寿。在漫长的历史演进过程中，在民间还先后出现了一系列桃文化辟邪物，如桃弧、桃茢、桃杖、桃梗、桃印、桃符、桃木剑、桃汤、桃花粥等，这些辟邪物品构成了中国传统桃文化的吉祥物系统，并为民众广泛认可。人们希望通过桃文化的某种实物载体，来表达对亲戚、朋友及家人的美好祝愿，希望桃文化的物化载体能够为他们带来好运和福气。"桃木吉祥"的观念已经深深扎根于现代大众的心中，家里摆上桃木工艺品，追求的就是一种吉祥如意、平安健康寓意。

（三）生态化原则

旅游商品的设计应该秉承不破坏自然环境，与生态环境相协调的环保原则。由于很多旅游商品的原材料大部分取材于大自然，如果对其过度开发不仅会导致生态失衡，还会弱化旅游地独特的民族特色，使其丧失鲜明特色而逐渐失去吸引力。因此，旅游商品在开发设计的过程中不能只重视经济利益，还要兼顾生态环境的平衡。商品包装的设计是整个商品设计的重要环节，随着人们环保理念的提升，对于环境保护的要求越来越高，因此绿色包装是未来的发展趋势。绿色包装在商品生产过程中一定要重视节约能源，而且要尽量考虑资源的重复利用、可回收与可降解等方面的问题。

（四）品牌化原则

不断提高旅游商品的文化内涵，打造优质品牌，才能够获得更可观的经济收入，赢得良好的社会效益。一方面，优质品牌能够使商品更具有知名度，品牌效应也能够使企业更加重视质量与信誉，更有利于企业和商品的发展。优质品牌还可以起到宣传作用，能够使品牌与旅游景区有机结合起来。另一方面，优质品牌还可以帮助新产品更好地进入市场。旅游商品设计者和生产企业应有属于自己的旅游商品品牌，形成生产企业与旅游景区互相带动、互相促进的良好局面。此外，品牌化原则还应该注重知识产权保护，防止产品被抄袭和仿造，并努力完善售后服务体系，不断增加附加值，保护好商品的品牌口碑，减少各种不必要的损失。

（五）整合创新原则

创新是一切事物永葆青春的动力，旅游商品的开发也需要持续创新。求新求异是游客旅游的主要原因之一，如果市面上的旅游商品永远都是千篇一律，毫无特色，消费者会产生审美疲劳。游客的需求是不断变化的，因此要时刻遵循创新原则。商品的开发和设计，一定要充分考虑市场与旅游需求的不断发展变化，及时推陈出现，这样才能持续吸引旅游者购买。要在开发现有产品优势的同时，勇于在主题、形式、服务、品牌形象等多个方面进行创新，并积极引进整个行业的最新生产技术，促进商品的不断更新换代与持续发展。首先，要求设计人员不断了解本行业发展的最新信息，不断创新设计的思路和理念；其次，还要求设计人员不断掌握邻近学科和相关领域的最新信息，不断拓展商品发展的深度和广度。

（六）艺术性原则

旅游商品可以不是纯粹的艺术品，但旅游商品的设计一定需要具有艺术价值，这种价值主要由商品包装和旅游工艺品体现出来。给旅游商品赋予艺术性不仅能够刺激游客的购买欲望，还起到提升旅游商品附加值的作用。例如，农副土特产品本身并不具有艺术价值，但是，如果用设计精美的盒子、口袋进行包装之后，购买者就会认为愿意购买其喜好的农副产品。旅游工艺品本身就应该具有艺术性，具有艺术价值的工艺品才能激发人们的购买意愿，例如，饰品需要制作精致才能吸引更多旅游者购买，这就对我们的旅游商品生产企业提出了更高的要求。旅游商品在进行设计时还要注意和本土文化进行结合，注意民间艺术的挖掘和开发。

（七）实用性原则

设计艺术不同于纯粹的艺术，除了考虑艺术性之外，也要兼顾商品的实用性原则。大多数旅游者都希望商品在具有艺术性的同时，也具有实用性，这样会让消费者更愿意购买，也会使旅游商品更符合市场需求。实用性的设计要以人为本，注重实际的使用功能，要充分考虑商品的功能特点、消费者的年龄阶段、生活习惯与生活需求等各方面因素。随着经济的发展和人们生活水平的提高，对于商品的需求也越来越多，要求也越来越高，商品实用性的设计需要尽量做到多功能性，使商品能够具备两种甚至更多的功能。

（八）纪念性原则

旅游商品是游客能够留下的关于旅游目的地记忆的重要实物载体，收藏是游客购买旅游商品的一个比较重要的动机，游客看中的是旅游商品的纪念性和艺术性。旅游商品纪念性要有两方面的先决条件。一是商品要具有独一性。旅游商品需要保证其独一性，如果各地的旅游商品都同质化，那就失去了纪念的意义，而旅游商品的独一性开发则需要本土文化的支撑。二是商品要具有可保存性。旅游商品作为纪念物还必须具有可保存性，如果不可保存，那么其纪念意义就无从谈起。

（九）时尚性原则

旅游商品具有时代的特征，与时代发展紧密相连。不管是传统的工艺加工，还是利用现代高科技技术生产的旅游商品，都具有时代的烙印。旅游商品要在用材和外部造型上顺应当代人的心理需求，跟上时代前进的步伐。造型独具特色的商品更能体现商品独特的气质与特点，能够表现出某种意境，可以与消费者在情感上产生共鸣。旅游商品可以在设计中融合旅游目的地特有的元素和时尚元素，时尚元素可以包括科技元素、游客客源地文化、游客的个性化需求等。可以运用夸张、仿生、卡通、扭曲等手法造成视觉上的冲击，利用变异、非对称等造型手段营造前卫、时尚的氛围。现代的旅游商品既应当继承优秀传统文化，又要推陈出新，大胆创作，满足旅游者不断增长的购物需求。

趣味性是时尚性原则的一个重要体现。与其他商品相比，旅游商品必须具备自己的个性或者特殊的趣味，否则难以引起游客的购买欲望。设计中运用趣味性就是指在体验商品的过程中获得好玩有趣的心理感受，从而加深对产品的印象。要想设计出趣味性，就要注意抓住消费者看到物体的前10秒的印象。在旅游商品设计方面，可以在封口处或开启方式上做文章，例如，在封口处设置一个耐人寻味的问题，只有打开包装后才可找到答案。或者利用产品的系列化，让其每一部分都是具有独立欣赏价值的单品，组合在一起又成为一个整体，以激发消费者的探求意识，例如，文房四宝或者儿童玩具经常运用这类设计方法。

三、旅游商品设计的方法

旅游商品的设计是一个综合性的工程，包含了旅游、艺术与民俗等各个方面。旅游商品设计本质上就是文化设计，因此，不同于普通商品的设计，要将文化理念始终贯彻到设计的全部过程之中。设计中要始终追求商品既具有文化内涵又具有独特审美的特质，同时关注各种传统文化与民族风格，并兼顾对环保与健康等因素的追求，这样才能设计出真正具有独特性和受欢迎的旅游商品。

（一）旅游商品设计的构思与创意

1. 旅游商品设计定位

旅游商品设计一定要进行准确的定位。一定要进行广泛的调研，商品的设计理念、材质选择、表现形式等重要因素都要能够与当地的文化与民俗等内容相结合。形象设计要兼顾各类消费者的市场需求，兼顾"雅俗共赏"的审美风格，材质设计也要坚持就地取材、因地制宜的原则。旅游商品设计的定位对于后期的设计、生产以及销售的全过程都非常重要，因此一定要重视，以免出现偏颇。

2. 旅游商品的构思与创意

旅游商品的构思与创意一定要符合商品的个性特征，同时兼顾市场需求与消费者需求等因素。此外，构思与创意还要充分发挥创造性和想象力，设计出具有创意的商品。商品有创意、有独特性、有艺术性，才能真正吸引消费者购买。旅游商品一定要注重艺术性，在整个设计过程中都要贯穿着艺术设计的理念，使商品充满艺术气息。

构思与创意可以通过以下方式进行：一是从商品的标志与名称入手，进行商品形象的设计和构思。二是从商品的原貌入手，设计时注重展现商品本来的特征与形象。三是从商品的原产地入手，注重当地特色，注意融合当地的风景景观、风俗民俗等元素进行设计，这样能够充分体现景区特征，更能够吸引旅游者的兴趣和购买欲望。四是从当地的故事传说的联想和创造入手。在尊重故事传说原型的情况下，充分发挥想象力，把旅游商品与故事传说结合起来，带着丰富内涵和想象力的商品更容易打动消费者。五是从环境色彩与民族服饰色彩等色彩因素入手进行设计，这样能够通过感官和想象的创造力打动消费者，从而促进销售。六是从当地特有的景物入手，例如，山水、建筑等，以此来进行构思和设计。七是从商品的使用对象入手，调研使用者的需求，根据需求进行设计。八是从包装入手，深入研究包装的材料、图案、文字、排版等重要因素，注重整体感的同时，注重展现旅游商品的多样性与独特性。

（二）旅游商品的设计表现

1. 突出重点，以少胜多

确定了设定的方案与目标之后，在具体设计中，在符合要求的情况下，一定要抓住重点元素，尤其是商品包装的设计，更要突出重点，展现其独特性，才能更好地突出主题，实现以少胜多的设计效果。不要主次不分、纷杂凌乱，引起消费者不好的视觉体验和审美疲劳。

2. 突破常规，强化个性

旅游商品的设计一定要有打破常规的勇气和创造力，重视商品的创意，注重商品的独特性。只有具有独特创意的商品，才能够具有独特性，具有不同于一般商品的个性化特征，才能引起旅游者的兴趣。

3. 创造情感，渲染情调

旅游商品的设计要注重感情的设计与展现。这样才能增加商品的感染力，才更容易感动旅游者，旅游者的情感被触动，更容易对商品产生好感，进而购买商品。因此，要进行情感化的设计，将情感融入造型、色彩等各种元素之中，使消费者在欣赏和使用商品时能够引起情感共鸣，进而实现精神上的满足。情感化的设计主要包括审美特征、地域特征与使用特征等方面。商品体验是其设计成功与否的重要因素，只有兼顾审美与实用等全面特征，并且注重与消费者进行情感沟通的商品，才能更加受到消费者的欢迎。

4. 主题深化，图案装饰

旅游商品的设计要注重地方性与独特性。要积极融入各地的风俗民俗，尤其是具有传奇色彩的故事传说。这些故事传说经过艺术加工之后与商品进行有机结合，能够增加商品的文化价值，更具有纪念性和收藏性。这些传统文化与民间文化是商品设计的重要源泉，对于商品的文化性与独特性等重要特性具有重要意义，一定要予以充分的重视。

 旅游商品开发与设计

第二节 旅游商品的造型设计

一、旅游商品造型设计的原则

（一）突出文化品位

随着人们生活水平的提高，消费者对于商品品位与文化价值的要求越来越高，选购商品时已经不只看重实用性，而是更加青睐那些实用性与文化性有机结合的商品。旅游是为了更好地了解和感受当地的自然风光与风土人情，所以那些能够很好展现当地特色与风俗文化的商品，更容易引起消费者的兴趣。

（二）强调审美表现

旅游商品的文化价值与文化品位，并不单纯指传统文化，更是传统与现代有机结合的、更具有审美特征的审美表现形式。商品设计需要充分了解时代的审美特征、消费者的审美需求与审美标准，按照这些审美特征、审美需求和审美标准来设计旅游商品，这样生产出的商品更能够赢得消费者的喜爱，吸引消费者购买。

（三）展现独特结构

在重视商品功能与实用性的基础上，具有独特造型结构的商品，更容易

引起消费者的注意。时代在不断发展与进步，对旅游商品的要求也越来越高，越来越重视审美体验，也更加重视商品的形象结构。所以，旅游商品设计也不断吸收国内外的先进经验，不断更新设计理念，发挥造型艺术的独特魅力，让旅游商品更能满足消费者的审美需求。

二、旅游商品造型设计的要点

（一）体现旅游景区（点）特色

目前我国的旅游购物市场同质化现象严重，难以吸引消费者的注意，导致消费者缺乏消费的欲望。其实，我国的旅游景区类型非常丰富，有历史名城名镇、世界遗产地、自然保护区、森林公园、地质公园等各种类型的旅游景区。这些不同旅游景区的景观也大不相同。而旅游商品的吸引力主要在于展现旅游地的独特样貌和特征，因此这些不同的旅游景区在设计与开发旅游商品的时候，也要考虑旅游商品的独特性。同时，要不断创新技术与工艺，吸收最新的科技成果，开发出既具有当地独特性又具有时代特征的创新产品，这样才能不断满足消费者日益提高的消费需求。

例如，苗族、侗族两个贵州传统少数民族，由于在许多民族特征上较为相似，民族旅游商品大同小异，缺乏明显的文化标识，常常被外界混为一谈，长此以往也阻碍了民族的长远发展。导致这种情况出现的原因便是，开发者对两族的民族文化内涵挖掘不够，以及缺乏具有本族特色的商品文化创意表达方式。开发者应该在深刻理解两族文化差异的同时，融入更多的创意元素。苗族、侗族两个民族虽都有悠久的芦笙文化，但由于民族性格、价值信仰等不同，使得他们在各自的芦笙文化表达上有着明显不同。与此同时，他们的图腾崇拜也在一定程度上揭示出这种不同,例如,苗家敬牛,侗家喜鱼。因此在开发以芦笙为代表的乐器类民族文化旅游商品的时候,可将其与牛或鱼的民族文化符号相结合进行设计,注重其艺术性与观赏性,使其在散发古老文化魅力的同时,又具有自己独特的民族文化个性,以此丰富贵州民族文化旅游商品市场。

(二)满足多功能需求

商品造型设计还要能够满足多功能的需求,不断实现实用性与审美性的有机结合。例如,奥地利设计师在水晶镜框下方放置一个温度计;泰国在火柴盒和烟盒的包装上设计皇宫模型等都是考虑到商品的多功能性,将实用性与欣赏性结合起来。

(三)展现情趣

越来越多的旅游商品造型设计展现出了特定的情趣。情趣是指旅游商品的一种精神特质,能够使商品更加赏心悦目。例如,烟灰缸被设计成小舟的造型,船里面还站着撑竹篙的船夫。钟表被设计成树干的造型,周围还有充满魅力的年轮。

(四)反映历史文化

越来越多游客希望旅游商品的造型设计能够展现历史与文化的内涵,这是旅游商品的重要发展趋势。南方的很多景区与高校联合开发旅游商品,重视展现历史与文化价值。例如,太湖鼋头渚风景区设计开发出"震泽神鼋""太湖宫扇""水漏"等一系列广受欢迎的充满历史文化色彩的旅游商品。又如,广东旅游商品积极吸收广绣与粤剧脸谱的历史文化元素,也设计出很多受欢迎的旅游商品。

(五) 系列设计造型

按照系列进行造型设计也是旅游商品设计的一个重要趋势，其能够使商品更有吸引力，更有可持续性。例如，2008年北京奥运会的吉祥物"福娃"，设计师通过一系列的造型设计，充分展现了中华传统文化。2022年北京冬季奥运会吉祥物冰墩墩也被开发出一系列旅游商品，既展现了中国文化传统，又加入了新的时代元素，起到了非常好的宣传作用。

第三节 旅游商品的包装设计

随着科技和经济的飞速发展,新潮的旅游理念和消费方式也逐渐兴起,共同营造了旅游产业市场繁荣昌盛的局面。旅游商品作为旅游地本土文化主要呈现载体和旅游产业经济中较为重要、也是最具发展潜力的部分,旅游商品包装设计在保护商品、增加商品经济附加值,以及售后相关品牌效应的形成与旅游品牌文化推广中都有着不可替代地位。

一、旅游商品包装及其设计概述

旅游商品的包装与盛装在里面的商品关系非常密切,且相互依存。随着人们生活水平的不断提高,在消费购物时,人们购买商品的评判标准已由原来的注重物质需求,逐渐转向重视商品的精神需求。对于旅游商品来说,其销售的不仅是商品,而是具有更高层次的、有文化品质的旅游商品。因此,旅游商品包装设计是艺术性、文化性与商业性的统一体,可以使旅游商品表现出思想、情感、文化、艺术等方面的气质。从旅游商品的销售角度来讲,包装是作为体现旅游商品文化现象的载体出现的,只有将包装与其紧密结合在一起,才是一件完美的旅游商品。

（一）旅游商品包装分类

1. 按旅游商品类别分类

旅游商品包装按旅游商品类别可以为：工艺美术品、文物及仿制品、风味土特产、旅游纪念品、旅游日用品、有地方特色的轻工业产品与其他旅游商品包装等。

2. 按包装材料类别分类

包装材料的选择应考虑商品的风格特点，通过包装可以让消费者联想到商品的产出地，商品的包装要体现一个区域特有的工艺特征。包装按照材料可以分为木质包装、纸质包装、金属包装、塑料包装、玻璃包装、陶瓷包装和复合材料包装等。

3. 按包装加工技术类别分类

旅游商品包装按包装加工技术类别可以分为：充气包装、贴体包装、真空包装、除氧包装、热收缩包装、吸塑包装、压缩包装、无菌包装、托盘包装、易开包装、折叠包装、传统包装（手工性强多以装裱为主）、防水防锈包装、防盗包装和防滑包装等。

4. 按存储和销售类别分类

旅游商品包装按存储和销售类别可以分为：单件式、系列式、组合式，以及大、中、小等精装，简装等礼品主题式包装。其功能主要是指，对于包装物的作用和效应。从产品生产到旅游商品，一般经过生产领域、流通领域、销售领域，最后才能到达旅游消费者手中。这个连环的转化中，包装起着非常重要的作用。

（二）旅游商品包装的特点

一次完整的旅行，不但是旅游者的体力活动，更是旅游者复杂的心理活动。游客选择一个地方去旅行，往往是多种情感交织得出的结果，而旅游的最终目的就是尽量满足消费者的各种情感需求。不断丰富优质旅游商品的形式，是满足消费者日益增长的情感需求的重要手段。包装是商品形式的重要载体，还可以展现当地的文化特色，使消费者拥有良好的第一印象。包装的重要性主要表现在：首先，包装是商品的重要组成部分，与产品紧密结合在一起。其次，包装不仅有使用的价值，而且还有一些与普通商品不同的特征。

1. 文化性

旅游者通常离开家乡，前往一个生活方式、思想观念截然不同的地域，往往被烙有当地特殊文化印记的商品吸引。因此，旅游商品包装能够体现地域文化就显得格外重要。例如，四川阆中特产"张飞牛肉"的包装上烙画着京剧张飞脸谱的形象，强化了牛肉与三国时期蜀汉名将张飞的关联性，不但提升了张飞牛肉的档次，也提高了阆中古城的知名度。

2. 观赏性

旅游的本质是旅游者审美实践和积极健康的社交活动的集合，是对美丽事物追寻的过程。一切美好都让人心旷神怡，美不胜收的旅游商品可以让旅游者目不转睛、爱不释手，因为它们有独特的 IP，融地方文化、民族特色、历史画卷、民间趣味于一体。旅游者购买旅游商品一般用于食用、纪念、欣赏、收藏或馈赠亲朋好友，说明旅游商品具有很强的伸缩性。因此，旅游商品的包装要兼容礼仪馈赠功能，在设计上多追求形式美、工艺美等特点，当然并不是一定要设计得十分华丽、高贵，包装设计贵在求实和富有想象力。

3. 便携性

游客忍受舟车劳顿之苦去旅游地旅游，就是为了欣赏优美的景色、感受不同的文化气息，得到一种身心的放松。如果购买的旅游商品很难携带，则会给游客带来额外的困扰和负担。因此，旅游商品设计应当优先考虑旅游者携带是否便利（艺术品等大件除外），尽可能追求轻巧、方便和安全。便携性能的设计，不仅包括方便顾客携带和使用，还要方便商店陈列与销售。特别要注意的是，包装材料的选择要健康、绿色、无公害，根据旅游商品的特点，满足相应的防霉、防潮、防蛀、防漏、防震、防碎、防挤压等包装特性。厂家通过符合旅游商品特性的设计，不仅可以博得消费者的欣赏，而且也可以为商品销售创造更大的空间，同时也能够传达旅游目的地老百姓对远道而来的游客深度关怀，这种无声的关怀更能体现一种更深层次的博爱精神。

（三）旅游商品包装设计及其重要性

1. 旅游商品包装设计的概念

旅游商品包装设计是指按照一定的包装技术，将旅游商品本身的内涵特征、文化、价值等抽象属性，通过合适的材料、结构和视觉元素相互组合后具象化的过程。现代新工艺、新材料和包装设计理念赋予旅游商品包装设计更多的新内涵和艺术表现形式。旅游商品包装除了展示商品内在的属性之外，还可增加商品的文化附加值，提升商品的价值。旅游商品和旅游商品包装相互影响，包装设计是将旅游商品的劳动价值和使用价值等值化的最有效方式，同时包装内部商品将影响其外包装的造型结构风格与整体的视觉效果。但是由于其本质为旅游活动的产物，承载着旅游商品产地的本土文化和旅游者的思想情感等，所以作为从属于旅游产业的一个特殊的商品种类，其包装设计

也必然有着非同一般商品包装的诸多特性。

2. 旅游商品包装设计的重要性

（1）包装有助于提高旅游商品的附加值

优质的旅游商品也需要适合这种商品的包装。包装与商品内容是相互结合的统一整体，二者需要和谐统一。包装是商品的外在表现形式，对于商品非常重要。优质的包装需要做到特色鲜明，形象设计与色彩图形等方面因素能够适合各个国家、各类消费者的审美需求，能够体现商品的做工与质量，展现商品的内涵与特色，进而提高商品的附加值。

（2）包装有助于促进旅游商品的销售

优质的包装有助于促进旅游商品的销售。旅游者来到某地旅游更希望了解当地的美丽景色与独特文化。同时，也希望旅游商品能够展现当地的独特性与文化价值。包装给人的第一印象就显得尤为重要，因此那些设计精美，具有独特创意和文化特色的包装更容易引起旅游者的兴趣与消费欲望；而那些设计陈旧，缺少创意的，甚至粗制滥造的商品包装，就很难引起旅游者的购买欲望，甚至会引起消费者的反感，对销售产生消极的负面作用。

（3）包装有助于树立旅游地形象

优质的包装有助于树立旅游地形象。旅游商品的包装能够展现旅游景区独特的自然风光与文化魅力，对当地可以起到很好的宣传作用。一些标志性的风景与民俗呈现在商品包装上，能够引发旅游者的美好回忆，进而加深旅游的体验。因此，旅游商品的包装还能够使宣传更具持续性。

（4）包装有助于宣传旅游地的文化

优质的包装有助于宣传当地的文化。随着经济的不断发展，人们生活水平的日益提高,人们对精神文化的需求越来越高。对于商品不仅要求其满足基本的实用价值,更加注重其文化价值。对于旅游商品的要求也更高,除了注重纪念意义之外,更重视商品对于当地文化独特性的展现。因此,好的旅游商品包装除了实用、美观之外,更要能够展现当地独特的文化魅力。

(四)旅游商品包装设计的表现形式

优质的包装不仅能够体现旅游商品的特性,还能对消费群体有准确地把握,激发他们的购买热情。旅游商品包装的快速发展既丰富了生产线,也潜移默化地改变了人们的生活,提升了人们的审美和鉴赏能力;既体现了时代的科学发展水平,又表现了人们的生活水平和文化背景。正因为如此,游客对旅游商品包装的质量要求更高,样式要求更多,技术要求更强,这也对从事包装设计的工作人员提出了更高的要求。那么,结合旅游商品包装的内在特征,做好旅游商品的包装设计,应该注意旅游商品包装设计的三个表现形式。

1.色彩

色彩可以带给人们强烈的视觉冲击,好的视觉感受才能给人们留下深刻的第一印象。旅游商品上具有地域性的包装色彩,能够与游客产生视觉的摩擦以及心灵的碰撞,这是引导游客购买的重要元素之一。例如,张飞牛肉包装采用了色彩火红的脸谱,其中黑、黄两色的穿插更让整个包装气势如虹,展现了人物张飞的个性,识别性极强。尤其是在食品包装中,色彩承担着刺激消费者味蕾的重要作用,沉稳的颜色(比如黑色)不是正选,鲜艳的红色才是主旋律。因此,色彩的选用上应根据商品的特性和功能而定,才能吸引游客的注意力。

2. 图案

图案是旅游商品的形象"代言人",具体表现为图像、符号、文字及其组合形式,是商品的文化载体,是商品属性的"引路人"。另外,根据不同旅游者喜好和追求的不同,同类旅游商品的包装设计也应具有差异化,应更多地借鉴一些具有代表性的地域元素,例如,戏曲、皮影戏、剪纸、泥塑艺术、编织工艺、木偶艺术、杂技、风筝和舞龙等。将地域元素和旅游商品进行有机结合,凸显商品的价值唯一性,展示当地的风土人情。

3. 材料

在提倡绿色出行、生态旅游的今天,旅游商品的包装材料宜选择当地绿色的、天然的材料,利用现代的工艺手段进行加工,使之变得实用、美观,不仅能代表本土特色,更能反映本土居民改造自然的能力和热爱自然的情怀。例如,木材、竹材、草、皮革、贝壳等天然材料,可以设计成螃蟹包装、鸡蛋包装、珍珠包装,等等。这些利用当地特有的原材料制作的包装,材料的质地和设计的构造能够给人们传递不同的信息,产生不同的视觉、触觉、嗅觉等感官体验,使游客的每一次购物都是美的体验。

(五)旅游商品包装设计的发展趋势

包装设计的发展史是一篇历史画卷,也是社会生产力的体现。由于受不同的自然条件、科学水平和社会条件的制约,不同时期、不同地区、不同民族,都形成了与其他地区、其他民族不同的饮食文化、语言行为习惯、道德观念、思维方式、价值体系和审美观念,形成了与众不同的民族文化。因此,旅游商品包装设计要保护、继承不同的民族文化,它承载的是人类社会实践过程中所创造物质财富和精神财富,表达的愿景是人与自然的和谐共存。

随着市场经济和科学技术的发展，人们的生活水平也不断提高，包装设计必须紧随时代潮流，迎合消费者的物质和精神需求，以绿色设计为主导，以民族文化为基础，以高科技应用为手段，以人性化设计为出发点，以为人服务为宗旨。

（六）旅游商品包装设计的要点

1. 内容与形式协调统一

旅游商品包装设计一定要做到内容与形式的协调统一。优质的包装设计作品一定是内容和形式完美结合的统一整体。商品包装的设计要能够清晰、准确地传达出商品的内容与特色。如果设计不和谐，就是失败的。

2. 个性独特

独特性是包装非常重要的特征，充满独特个性的包装能够很容易吸引消费者的注意力，引起消费者的喜爱和消费欲望。相反，过于陈旧的没有创意的包装很难引起消费者的消费欲望。尤其是在旅游商品内容大致相同的情况下，更要注重包装的独特个性。独特个性的设计要有创新性，也要与当地的独特性与文化性结合，这样的包装更有纪念意义和文化价值，更容易吸引消费者，从而促进商品的销售。

3. 主题明确

旅游商品包装的主题明确非常重要，要做到准确的定位。商品的多样性决定了旅游者的多种多样的选择，各种旅游资源并行存在，因此存在着定向吸引的问题。所以，准确地定位旅游地的旅游主题，可以更加定向地吸引到游客，使游客对该旅游商品的理解更全面、更清晰，达到良好的营销效果。优秀的主题设计，或是能使人们对自然产生渴望，或是能使人们得到精彩的生活体验，或是能使人们满足对别样的异域风情的好奇心。而那些潜在的客户群体，则会被具有震撼力、吸引力、启发性或号召力的主题所吸引。

4. 文化特色突出

旅游商品包装应重点考虑突出地域的文化特色，提升其文化品位的标准，形成一种艺术感染力。例如，自然景观、名胜古迹、人文景观、历史典故、地方戏曲、民族特征和民间艺术等方面，设计师可以从中提取形象元素运用在包装中，使旅游者在购买旅游商品时，自然而然地被其文化氛围所笼罩，使消费者回味其文化内涵。这种艺术感染力，会使其商品价值得到大大的提升。

二、旅游商品包装设计形式

（一）品牌包装设计

商品的品牌是商品信誉的保证，因此一定要重视品牌的包装设计。很多成功的品牌都具有独特的包装设计。例如，天津的"泥人张"彩塑、"杨柳青"年画等品牌的包装都非常独特。包装可以对品牌起到很好的宣传和推销作用。好的品牌包装可以在第一时间打动消费者。品牌包装设计需要考虑文化因素、地方特色，同时也要考虑时代发展的潮流、市场与消费需求等各方面因素。

（二）特色包装设计

特色包装设计也是旅游商品包装设计的重要形式。特色设计可以通过地方文化特色来展现。例如，日本的旅游商品包装非常重视日本的文化特色。特色设计还可以通过包装材料的天然性来展现。例如，因地制宜地选择竹、木、纸等材料进行设计和制作包装，既体现了原生态的天然性，又展现了独具匠心的特色。

（三）礼品组合包装设计

礼品组合包装设计是指把一些具有关联性的商品进行组合包装的一种包装设计形式。例如，女式丝巾和男士领带组合包装，晴雨伞和扇子组合包装，丝绸、龙井茶和瓷器组合包装。组合包装成功的关键是需要建立一批能够进行专业设计、规模生产与销售的综合性企业。

（四）人性化包装设计

人性化包装设计对旅游商品来说非常重要。好的品牌都会注重人性化设计，例如，法国的"依云"矿泉水的包装在瓶子的中间设计了一个手纹凹陷，这样更方便携带；某饮品顶部设计了一个拉环与一只吸管相连，这样更方便饮用，这种设计因为更加人性化而受到消费者的欢迎。

三、包装视觉设计

商品包装设计还要注重包装的视觉设计。视觉设计主要包括色彩、图案、文字、肌理、品牌、条码与包装形体结构等要素，前四者可以形成一个完整的画面，成为构图的要素。其中，色彩依附于图案、文字与肌理进行呈现，图案、文字则需要依靠肌理衬托。

（一）色彩要素

色彩是影响视觉的最活跃因素，是最具表现力的艺术表现方式。所以在包装的视觉设计之中，一定要重视色彩要素。成功的包装都十分重视色彩要素的设计。例如，"西湖龙井茶"的包装设计在色彩的审美特征上充分体现了中国传统文化的成熟魅力。茶叶包装运用浅黄色，又配合墨色的图案和红色的印章，力图营造复古的文化特点。

(二)图形要素

在视觉设计中图形也是重要的要素。图形要素传递信息的含量大、能力强,更能打动人。包装图案对消费者的视觉冲击更具体和强烈。其设计的主要原则包括以下几方面。

1. 形式与内容要表里如一

形式与内容要统一,是指让消费者购买时能够一目了然,一看到包装的图案,就可以知道商品的基本情况,不会出现由于表里不一而导致购买错误的情况。

2. 要充分展示商品

包装图案要能够真实地展示商品,尤其是食品包装,所以出现了透明的包装的形式,其更利于充分展示商品。

3. 要有具体详尽的文字说明

为了更好地展示商品信息,要在包装的图案上或者周围添加一些具体的文字,进行说明和介绍,有时还要配有简要的示意图。

4. 要强调商品的形象色调

商品的形象色调可以使消费者快速地了解商品。例如,万宝路烟盒的上部分运用暗红色装饰,下部分运用纯白色装饰,色彩的搭配非常醒目,展现了万宝路的不凡风度。

5. "家族式"包装

同一家企业一般会用相同的品牌商标,包装的图案、色彩等方面的设计也是统一的,这样可以树立品牌形象,让消费者一目了然地知道是哪个品牌。

6.要注意功效设计

功效设计主要包括保护性能、方便性能、推销性能等方面。保护性能设计包括防潮、防震、防挤压等方面。方便性能设计包括方便销售、携带和使用等方面。推销性能设计，指顾客不用通过销售者的介绍，而是通过包装就可以了解商品。此外，包装图案设计需要注意相关的禁忌问题。各个国家与地区都有不同的风俗和禁忌，有各自欣赏的和忌讳的图案，一定要对此进行调研和重视。

（三）文字要素

文字是包装视觉设计的重要组成部分，是最直接传达商品信息的要素。文字主要包括主体文字与说明文字两种。主体文字是包装的主体部分，主要是说明商品的品牌、品名的标题字，其地位非常重要，因此一定要醒目。说明文字主要用来说明商品的品种、规格、成分、产地与使用方法等内容，对商品可以起到较为详细的介绍作用，有利于消费者进行选购。

（四）肌理要素

肌理本来是指物体表面具有质感特征的纹理。肌理在包装视觉设计中可以看作是包装的衬底装饰。由于材料的组织与构造等方面的不同，所以表现出的色泽与纹理也各不相同，因此可以使人们产生不同的视觉与触觉质感。

现代人越来越喜爱具有自然特质的肌理，例如，大理石的花纹、水的波纹和树木的年轮纹理等。因此，在包装设计中，也可以通过自然肌理与印刷肌理来呈现效果。自然肌理是材料本身具有的天然美，例如，麻线、木材等材料带有的淳朴、自然之美。印刷肌理是用人工的方法来仿造自然的质地，

 旅游商品开发与设计

通过印刷技术创造视觉效果，例如，人造大理石纸或者在纸张上印出凹凸不平的效果等，都是为了呈现肌理的效果。在实际的商品包装设计中，多数包装都是运用印刷肌理，因为这种技术更符合批量生产的需要，而且原料与生产的成本都较低。

第四节　旅游商品的销售设计

一、旅游商品的销售空间设计

（一）旅游商品的销售空间类型

1. 专营商店

专营商店是指专门或重点销售旅游商品的商店，旅游商品是其销售额的主要来源。专营商店主要建在旅游景点的附近，经营的商品的主题也与景点有着一致性的特点。例如，在自然风景区开设主营当地中草药的商店，同民间医学理念结合，通过博物馆呈现这些民间医学和治疗方法，让旅游者在购物的同时，学习了解民间医学知识，不仅能在一定程度上避免旅游者购买的盲目性，同时还普及了当地的民间医药知识。

2. 附属商店

附属商店是指饭店或者旅游景区设置的销售店等，归属于该饭店或者旅游景区。饭店内部的销售店通常较小，其布局应该与饭店协调一致，多设在饭店大厅或者底层，商品种类也不多。旅游商品的经营店主要设在饭店的外部或者附近，其空间设计可以充分展现自身特色，而且可以尽显高档营业店的特点。

3. 兼营商店

兼营商店主要是面向当地居民的综合营业场所，例如，超市、百货商店等，主要经营旅游商品在内的各类商品。随着旅游行业的不断发展，兼营商店的旅游消费者越来越多，呈现"旅游化"的发展趋势。兼营商店的空间设计注重统一性与整体性协调性，要求具有各种配套功能，要求能够呈现现代商业中心的特点与魅力。由于兼营商店物品齐全，种类繁多，可以实现一站式购物的需求，因此越来越受到旅游消费者的欢迎和喜爱。

4. 商业街区

商业街区是指主要繁华商业街道的商店。这是重要的商业中心，是旅游者与当地居民重要休闲与消费场所，例如，北京的王府井大街、成都的宽窄巷子等。应该考虑在商业街区建立更多渠道、更丰富的产销结合的体系，使商品的生产和销售能够有机结合，这样更有利于市场的发展。

5. 旅游商品专业村

旅游商品专业村是指那些利用当地旅游资源、民间工艺开发旅游商品的专业村庄，很多村庄实现了"一村一品"的模式。例如，云南大理鹤庆县的新华村以手工艺著称。这里以制作银器与铜器为主，生产的银手镯、银火锅与九龙壶销路广泛，还被博物馆收藏为民族工艺品。

6. 精品店

精品店多设置在某些购物街上，店铺规模不大，橱窗装饰精致、高雅，具有比较明显的个性特征。例如，纽约的第5大道等，行人大多穿着讲究，这里的精品店不会让人有望而却步的感觉。顾客一进入商店，悦耳的铃声就会把热情的老板带到你面前，主动和你交流，即便你不购物，其也会热情接待并积极介绍产品。离开时，还会主动送给你名片，让你感觉到温暖和尊重。

7.集市

集市一般分布在商业不太发达的地区，是按照规律定期举办的商品交易活动行式。在一些较为落后的地区，例如，农村、城乡接合处，这样的贸易形式还比较繁荣。在当地，集市一般被看作是生活中的一件大事。赶集像是过节一样，这一天既可以进行商品的买卖与交易，又可以全面展示当地的民风民俗。热闹的地方曲艺、歌舞表演、民间杂耍等丰富的节目演出与香飘四溢的各种地域美食吸引着大量消费者从四面八方赶来。集市也日益成为人们喜爱的购物场所，是一种文化的象征。

8.摩尔

"摩尔"一词来源于英语 Shopping Mall 的音译，是指那些功能性的、较大规模的商场，不仅能够满足消费者的购物需求，而且可以使购物变成一种休闲和娱乐的行为。这种消费场所一般都会尽力为消费者营造各种舒适休闲的购物环境，为消费者提供各种优质的服务。

9.路边摊

路边摊是那些在街头经营的摊贩，这是全世界都拥有的、消费者喜闻乐见的零售商。路边摊主要有两种：一是流动性的路边摊，这种路边摊一般都不具备工商管理部门颁发的正规营业执照，其经营的很多商品的质量都没有保证。但是这种经营方式由于机动灵活、便于购买、价格低廉而受到消费者的欢迎。还有一种是固定摊位，主要包括户外与室内两种摊位，相对会安全可靠一些。

10.机场、火车站与港口等商店

机场、火车站、港口与渡口也正在变成旅游商品的购物中心，纪念品、

印刷品、餐饮等应有尽有，为消费者提供了很多便利，因而受到欢迎。而且随着各国交往的增加，很多国际上的消费者也逐渐增多，为这些商店提供了更多的商机。这些商店也成为新的经济增长点和展现自身的窗口，因此各商家都在努力从商品的质量与种类等方面进行不断的努力和提升，以应对日益繁荣的市场需求。

值得注意的是，随着经济的发展、科技的进步、互联网应用的不断提升，交通方式的增加、交通时间的大幅缩短，旅游的目的也不再仅限于纯粹的观光旅游，休闲旅游开始兴起，以研学、医疗、公务、商务等各种其他目的为主的旅游者也越来越多。多数城市的旅游者中访客的数量已经远大于游客的数量；不去景区的访客数量和休闲旅游的游客数量远大于去景区的访客数量和休闲旅游的游客数量；多次前来的重访客和重游客数量远大于初次到访的访客数量。商业街、商场、超市等旅游购物场所的旅游购物数量远大于景区的购物店，以及旅游纪念品、旅游工艺品和土特产店。旅游者购买的旅游纪念品、旅游工艺品在旅游购物中的占比非常微小，旅游者购买的土特产品在旅游购物中的占比也逐年下降，而具有本地物产、文化、品牌等资源特色的生活化的旅游商品逐渐成为旅游购物的主流。

（二）旅游商品销售空间设计的内容

1. 外部设计

外部设计主要包括门头、橱窗、灯光、标志、门廊、入口等。精心巧妙的外部设计，一方面可以凸显旅游商品文化的内涵，另一方面可以成为重要的促销工具。

（1）门头设计。时尚、有品位的门头设计可以吸引旅游者驻足观望，甚至一些奇特古怪的样子、色调和迥异的材质更能引起旅游者的关注。而过于奢华的门头，会给人以"主大欺客"之感，让游人望而却步。有学者认为，大多数人通过观察商店外观来判断它的层次，而并不会进去看其中的商品是否真的在他们的承受范围之内。门头设计在材料与制作工艺的选择上要注意天气因素，不可使用容易褪色变形的材质，色彩的设计要与周边环境、左邻右舍的门头保持一致性，在视觉上营造与环境的和谐。

（2）橱窗设计。橱窗也是商店外部的一个重要组成部分，是旅游者了解商品的窗口。设计时要有分类，将旅游商品分类加以介绍，还要凸显旅游商品的个性。

（3）灯光设计。灯光是为了配合门头、橱窗、入口的设计效果而附加的一种手段，可以起到美化的作用。在灯光的选择上要突出商品的自然属性，以建立旅游者与商品经营者之间的信任感。灯光还可以提示入口和停车位等所在位置。灯光设计不可太过刺眼。灯光设计要融入文化内涵，例如，星巴克咖啡厅起源于美国西雅图，其灯光较为幽暗，是由于西雅图雨季持续较久；而好利来蛋糕店灯光较为明亮，是为了突出庆祝生日的温暖氛围。

（4）标志设计。标志设计是旅游者最先看到的外观设计要素之一。旅游商品店的标志要做到主题醒目、信息准确。醒目是为了吸引旅游者的注意，引导旅游者关注的方向，设计要素体现在标志的大小、位置、灯光等方面。

（5）门廊和入口设计。门廊与入口是外部环境到内部环境的过渡地带。设计时要考虑游客的安全，营造一种温馨、轻松、愉悦的文化情调。

2. 内部设计

内部设计主要是指商店内对旅游商品的陈列、布局、摆放等。内部设计的主要目的是为旅游者创造一个愉快的购物氛围。一般来讲，旅游者在店内时间越长，成交量就越大。因此，创造舒适的、令人享受的店内环境是增加销量的基础，内部设计要体现以下三个因素。

（1）旅游商品的布局。良好的内部设计应首先考虑能否容纳丰富的产品。旅游商品多而杂，这些商品的布局对旅游者在店内的行走路线有较大的影响。旅游商品的布局要符合购物心理的发展过程，不能一览无余，这不符合商店的最大利益。在布局中要突出过程，在过程中让游客享受购物之旅的愉快，发现一个一个兴奋点。具有吸引力的布局能使旅游者长时间逗留在商店之内，这是开心购物的标志。

（2）休闲环境的创造。旅游者的目的是游，是文化享受，是休闲娱乐。购物从属于旅游，在内部设计中要创造舒适度。有专家指出，一个旅游者在商店中花费的时间，取决于这次购物经历的舒适程度和享受程度。另外，大多旅游者购物是在旅游结束之后进行的，这就要求购物商店提供一个休闲区间，在休闲的过程中达成商品的交易行为。

（3）陈列方式的刺激。旅游商品经营成功的关键是创造一种刺激商品销售的陈列方式。刺激的商品陈列方式可以最大限度地吸引游客的关注，不使旅游者的视线游离中心商品。例如，在设计中以色彩吸引游客，以体验来调动游客的购物积极性等。

二、旅游商品的体验式销售设计

体验式销售，是指通过体验的方式，使客户亲身感受商品，进而实现销售的目的。在商品经济日益发展的时代，商品是盈利的重要来源，因此，产品质量是效益的重要保证，一定要重视商品质量。此外，随着人们对服务质量要求的日益提高，服务也变得越来越重要，呈现出"服务经济"的发展势头。体验式销售迎合了这种发展趋势，服务也日益变成提供体验的良好平台。体验使消费者切实体会到旅游的乐趣，消费者亲自参与到商品的制作过程之中，进而心情愉悦地选购商品。消费者真正成为中心，体验式销售也因为具有创新性而获得成功。

（一）商品销售空间设计的五感并重

作为旅游购物的重要载体，旅游商品营销环境设计应充分考虑购物者的感官体验，从视觉、听觉、触觉、味觉与嗅觉角度营造一个对购物者充满诱惑和吸引力的购物场所，提升购物者的购买欲望和购物满意度。

1. 视觉设计，以"色"悦人

视觉是物体的影像刺激眼睛视网膜所产生的感觉。视觉营销是指商家通过商品的标志、广告、橱窗陈列等一系列的视觉展示，向消费者展现该商品的基本信息、品牌特征与服务理念，进而实现商品销售与品牌宣传目的的一种营销模式。

在店铺招牌的设计方案上，应该体现店面的运营特色和商品特色，激发旅游消费者的求知欲和购买热情，而且要便于游客记忆，便于形象和品牌传播。除此之外，身处异地的旅游消费者难免担忧人身安全和财产安全，如果店铺得到本地旅游主管机构授予的"旅游购物指定店铺"或者"游客可以信赖店铺"等荣誉称号，应该在标识牌的醒目位置标注，以增强游客的安全感。

在旅游商品的陈设方面，应采取购物商场和购物超市相结合的产品陈设模式，分类陈设旅游商品，便于顾客寻找。对于高档、贵重的珠宝首饰，应以橱窗展示和柜式陈设摆放方式为主，给游客留下典雅、高贵的印象；对于

　旅游商品开发与设计

一般性旅游纪念品，应以超市自选商品摆放方式为主，以便游客选购，并应注重体现旅游纪念品的文化内涵和纪念意义。

在购物场所的色彩搭配和灯光照明上，对不同规模的购物场所和不同类型的旅游商品应采取不同的色彩搭配和灯光配置。灯光犹如一支画笔，吸引旅游消费者的眼球，雕刻消费的记忆。灯光是进行视觉刺激的重要因素，由于人都有趋光的本性，所以，相对明亮的或产生变化的位置常常会吸引人走近观赏。个性化的灯光效果就好比皇冠，在商品陈列中，想突出哪件商品就给它戴上"皇冠"，"皇冠"常常起到使商品脱颖而出的作用。旅游商品店需要精心策划灯光照明，以营造商业氛围，体现商品价值，促进销售业绩，展现商场形象。在旅游商品店中，每一个分区在设计中所体现的意义各不相同，例如，橱窗、中岛、收银、文化陈列和特殊柜体陈列等。各分区所需要的灯光数量和强度要量身定制，不能千篇一律。合理添加辅助照明，可以增加消费者对品牌的了解和消费信心。旅游商品店的品牌形象通过销售处、门店、橱窗展示等方式体现出来，而灯光照明对于这些都有很大的帮助。

2. 听觉设计，以"声"动人

听觉是声波振动耳朵鼓膜所产生的感觉。听觉营销是指在企业或产品营销中心，利用美妙或独特的音乐或声音，吸引消费者的听觉关注，进而在消费者的心目中形成独特的声音符号的一种营销方式。在我们生活中曾经无数次听到一些声音，例如，恒源祥的"恒源祥羊羊羊"广告语，以及脑白金的"今年过节不收礼，收礼只收脑白金"的广告语等。在一些公共场所，例如，商场、超市酒店、餐厅、咖啡厅等也会经常播放一些背景音乐，但是这种声音或音乐一般是非鉴赏性音乐，即音乐或声音本身与主体的行为意识之间没有直接

的关联,更多是为了营造一种与场所相适应的特殊氛围,而又不妨碍人们的主要意识活动。例如,餐厅中的背景音乐能增加用餐者的食欲,商场的音乐能激发人们的购买欲望,咖啡厅低沉的音乐能让人们静静享受那美妙的一刻休闲等。而一些特殊的声音符号也已经成为一些地方的标志性符号,例如,听到黄梅戏我们就会想到安徽,秦腔往往使我们想起陕西,"刘三姐歌谣"往往使我们遥想广西等。

旅游商品店需配置能促进销售的主题音乐,要将店铺的特点和顾客的特征相结合,具体原则如下:一是音乐的音量要适中。人的听觉阈限差异较大,应考虑顾客的年龄与身体因素,根据店铺的主要销售对象而进行调节。二是音乐的选取要符合地域文化特色。民族音乐、地方戏曲等能够代表一定的地域特色,例如,黄梅戏的腔调容易让人联想到安徽,葫芦丝容易让人联想到云南等。三是不同的营业时间播放不同的音乐。例如,上午可以播放节奏欢快的音乐来带动导购的工作积极性和顾客的购买热情,下午放舒缓音乐来调节心情。四是播放音乐需与季节相符。例如,在炎炎夏日,店铺中播放涓涓流水和莽莽草原的悠扬乐曲,能够使顾客在炎热中感受到清新和舒适。五是音乐播放应与时俱进,加入时尚元素。例如,可以考虑播放时下流行的音乐作为点缀,但要因时因地,切忌过多、过频,以免造成听觉疲劳。在旅游商品销售中,为了更好地展示购物场所的地区特色,构建良好的市场销售气氛,可以播放当地的歌曲,激发游客的购物热情。

3. 嗅觉设计,以"香"诱人

嗅觉是指鼻腔的黏膜对物质气味的感知。在人的感觉器官之中,嗅觉感受最为灵敏。根据英国牛津大学的研究可知,人类会把某种气味和某种特定

的经验或者物品进行关联。这一研究成果被很多经营者用在商品营销方面，称为香味营销，也叫嗅觉营销。作为旅游购物的场所，首先，要保证购物环境清洁卫生，不能有令人不适的异味，同时要根据旅游商品的特性让购物场所散发出特定的味道，让游客未见其物，先闻其味。例如，销售红木雕刻旅游商品销售场馆应该散发出红木独特的香味，它能让游客嗅出红木家具或工艺品的典雅华贵；销售高档手表和珠宝首饰的店铺要与高档香水相配，其散发出的香味能让游客嗅出商品的时尚和高贵；销售特色旅游食品的店铺要能够散发出与所售食品相匹配而又令人产生食欲的香甜气味；销售茶叶的店铺要通过茶叶的芳香气息让游客感受到茶叶的品质。

4. 味觉设计，以"味"馋人

味觉是指食物在人的口腔内对味觉器官化学感受系统的刺激并产生的一种感觉。当提到川菜时，人们往往会想到辣味十足；当看到一瓶镇江陈醋时，就会与酸味联系起来；当看到一瓶可口可乐时，会与甜味联系起来；当看到一盘腌制榨菜时，往往会与咸味联系起来。这些都是我们常说的味觉，并通过味觉记忆让我们与现实中的实物对应起来。在旅游商品，尤其是旅游食品的销售中，商家应该充分发挥味觉营销的特点，让游客通过免费品尝和试吃了解甚至爱上产品。例如，到福建武夷山旅游的游客大多会购买一些茶叶，而在购买茶叶的过程中，店主都会向游客展示一套精彩娴熟的泡茶技艺，并让游客品尝店里不同类别和不同品质的茶叶，游客在品尝之后，就会根据自己的喜好进行选购。在云南丽江等旅游景区，经常能看到利用当地产的玫瑰花做原料、现做现卖的鲜花食品店，秀色可餐的各种玫瑰花点心食品令人垂涎欲。对一些从嗅觉上并不讨人喜爱的旅游商品，例如，榴梿、臭豆腐、腌制品、海鲜制品等，味觉营销往往也能起到意想不到的效果。

5.触觉设计，以"质"感人

触觉是指皮肤、毛发与物体接触时的感觉。触觉在人类五种感觉之中是最直接的。1995年，奥迪公司专门创立了"触觉团队"，该团队的主要工作是在汽车开发过程中评估车辆内外的每一个操控元素的触觉特性，从门把手到点火锁，从变速器到电子开关，甚至到各种踏板等。因为有了在汽车制作工艺和细节处理上的苛刻要求，才有了我们所谓的"奥迪感觉"。苹果公司的产品对品质的高要求在产品质感上也体现得淋漓尽致，例如，金属般的质感、灵巧的单手操作机身、灵敏触摸屏、流畅的操作等都给使用者带来了不同于其他产品的触觉享受。在旅游商品销售上，恰当地使用触觉营销的手段和技巧能够促进商品的销售，尤其在一些玉器、奇石以及丝绸、服饰等商品上。例如，玉石的圆润，丝绸的丝滑，首饰的质感等都能让购物者感受到商品的质感和品质。

（二）商品销售的主题与场景设计

旅游商品的开发与设计不是凭空产生的，优质的文化创意旅游产品都是依托于强大的旅游IP，而旅游商品消费者会对旅游商品的诞生怀有强烈的好奇心。如果能为旅游者提供一次探寻旅游商品诞生与成长的体验之旅，那么对企业来说，这就是一次成功的营销。不管是有形的，还是无形的商品必须做到主题鲜明，这样的设计才能更加充分地调动旅游者的感官体验，营造难忘的经历，强化体验感受，进而产生深刻印象。体验主题一定要重点突出，特色鲜明，使消费者感受深刻。与此同时，一定要营造与之相适应的良好购物环境，一定要做到公平守信、热情周到，并不断突出商品的纪念意义，这样能够进一步强化消费者的购买体验，增加购买欲望。例如，日本鸟取县的北荣町，作为《名侦探柯南》作者青山刚昌的故乡，一直以柯南为荣，当地政府在居民卡、户口簿的证明书上面都采用柯南的形象设计。柯南不仅是小镇旅游设施打造的主题，更融入了小镇每个居民的生活中。柯南的身影遍布北荣町的大街小巷：柯南大道、柯南大桥，连路标、指示牌、浮雕铜像、井盖也以柯南为主题，赋予小镇对外以鲜明的主题印象，让游客到达小镇就如同走进了柯南世界。小镇上有一家柯南侦探社，是柯南纪念品商店，可供游客购买柯南周边的各种商品，商店里的糖果、手机链、帽子、T恤全都以柯南为主题。有许多限量商品只在北荣町才能买到。

（三）商品生产活动的现场互动

在体验经济时代，随着旅游经历的日益丰富和旅游消费观念的日益成熟，旅游者对体验的需求日益高涨。为了迎合旅游者的这类需求，市场上也涌现出了许多互动式或体验式的旅游系列产品。对于一些生产过程本身就具有较强的参与性和观赏性的旅游商品而言，可以尝试把旅游商品的生产过程和销售过程相融合。让旅游者参与到旅游商品的制作过程之中，在体验制作过程乐趣的同时，也能够把自己的制作成果作为旅游纪念品带回去。这其中不仅有参与的乐趣，也有一种心理上的成就感。

此类活动设计注重游客对旅游商品制作过程的了解，增加其文化认同，适合于生产制作过程知识性高、可观赏性强、具有特色和知名度的商品。商家需要在景区设置产供销一体的营销中心，让旅游者亲自体验商品的制作过程，有利于促进销售。这种销售模式既能够使游客拥有体验的愉悦感，更能够突出商品的纪念价值，进而更加激起消费者的购买欲望，促进商品的销售。

例如，新疆的英吉沙小刀就可以采取这种模式，让游客体验一下英吉沙小刀锋利的刀锋是怎样炼成的。现代科学技术的发展也促进了消费者对商品的体验与互动。例如，网络技术、虚拟技术等高科技的发展为商品销售提供了大力的支持，给旅游消费者带来更真实和强烈的体验感受，使商品更具有吸引力。

杨柳青年画是第一批被评为世界非物质文化遗产的珍贵文化旅游资源，年画的制作材料和工艺繁复，且极其讲究和精细，整个制作包括"勾、刻、印、绘、裱"。如果能够在销售年画相关纪念品的店铺或销售点，把年画制作流程展示给游客，让游客亲身体验制作过程，并把自己制作的年画经过专业人员的后期加工，作为一项DIY旅游商品带回家，相信会吸引更多的游客购买这种体验式的旅游商品。这样不只对西青的旅游纪念品销售有好处，还能增加游客对西青旅游文化内涵的认同感，是一种成功的体验式营销。此外，也可以开发设计一些DIY旅游商品的手工艺品，例如，著名的杨柳青剪纸，把剪纸和杨柳青年画、霍元甲等文化旅游资源有机融合，设计出不同图案的剪纸半成品，给游客自己动手制作的空间，让游客带回家后亲手制作旅游纪念品，还可以将个人情感融入作品中，相信这样的旅游商品也更受游客朋友们的喜爱。

2016年恩宁路进行了"微改造"，永庆片区被改造为"微改文创街区"的永庆坊，今天这里被称为广州最美老街，成了旅游"打卡圣地"。以万科云为主，创客们和各领域人群在云工坊起步创业，常态化举办的各类沙龙活动让这里热闹非凡。众创计划为创客配套了公寓、特色餐饮、子女教育等，打造了创客小镇的有机生态圈。西关传统建筑被融入现代元素，创客坊、咖啡店、岁月邮局等很多充满特色的商铺云集于此，旅游者能够体验到文创的魅力。不拆任何承重结构和构件，梳理出一条串联起来的由实际街道和现有建筑组成的内街小巷,把原来历史形成的"死胡同"盘活,同时植入新的空间形态,创造丰富的空间体验,形成一个充满古今对话色彩的体验型生活型的创意社区。场地被分成流线、文化与自然三个系统,既保留了传统,又具有现代性。

(四)商品销售活动的呈现与体验

对旅游者来说,旅游购物是一种经历,购物场所、营销人员、商品陈列以及店铺的布置都会影响到旅游者的购物决策。文化创意元素融入整个购物环节,不仅能吸引旅游者的购买欲,更能让旅游者体验一场小型的文化之旅,增添旅游商品的文化魅力。设计者可以依据目标市场进行个性化的文化体验设计。

1. 销售活动的观赏价值

由于年龄、性别、兴趣、职业上的不同,会形成消费者对旅游商品的特点、功能、类型的不同需求,设计者可以将市场细分为不同需求特征的目标市场,设计出不同的文化体验主题,如参观民间作坊的制作工艺、亲身参与传统民族手工艺品或饮食的制作体验、节庆活动体验等,让游客从旁观者变成参与者,购买者变成体验者,以增加消费乐趣与价值。此外,还可根据具体的主题进行细致的商品体验环境设计,以优化购物环境、强化旅游体验、激发购物欲望。例如,在坚持当地文化特色的同时,进行场景的设计和氛围的营造,统一相关服务工作人员的穿着,配以相应的解说、增加服务内容、提高体验质量等,充分激发游客的感官体验,以达到促进购物消费、传播民族文化的目的。例如:在拉斯维加斯的古罗马交易市场,所有的商品都按古罗马的集市设计。每小时都会有一次5~10分钟的表演。旅游者时而感觉自己置身于古代亚特兰蒂斯城的车水马龙中,时而感觉仿佛在观看古罗马军队的游行队伍,所以吸引了一大批旅游者,其营业收入也较其他的购物中心要高出几倍。

近年来,随着展会市场的蓬勃发展,国内相继举办了一系列旅游商品展销会,比如由文化和旅游部举办、义乌承办的"中国国际旅游商品博览会",也有一些地方政府主办的旅游商品推广会,例如,陕西旅游商品博览会、吉林旅游商品博览会、北京旅游商品博览会、新疆旅游商品博览会等。举办展会的主要目的是旅游商品的推广,为旅游商品的流通提供一个展销平台。但是,当实地走进这些展会现场时,会发现不同于一般性的批发市场和集市,也不同于其他贸易类的展销会(如广交会、进博会等),旅游商品类展会现场更像是全国各地,甚至是世界各地特色文化和自然风光的集中展示区。

2. *游客互动与商品的选择*

(1)选择方式的趣味性

在一些街头或广场,经常会看到一些极具趣味性的销售场面。例如,玩具商家为了促进产品的销售,会选择把各式各样玩具有规则地摆放在地上。消费者从商家手里购买一些圆形的橡皮圈,然后站在和玩具摆放地点有一定距离的地方,通过投掷皮圈来选择自己喜爱的玩具。无论参与者选择投掷哪个玩具,都会有投中和不中的概率。距离近的玩具价格低,但投中概率高,而远距离的玩具价格高,但投中概率低。在这个过程中,参与者首先会有一个思考过程,然后根据自己的思考结果来指导接下来的投掷行为,而且还会在投掷过程中根据实际投掷的结果进行适时调整。这是商家通过趣味性的活动吸引消费者的参与,以此推销旗下产品的典型营销案例。在这个营销过程中,消费者可能对玩具本身并不太感兴趣,但是由于"游戏"的过程颇具吸引力而最终不知不觉完成了对商品的购买。

（2）选择行为的参与性

在体验经济时代，人们更注重自身的体验，基于这一事实，商家可以把体验式营销理念融入旅游活动中，例如，在旅游景区创建旅游商品制作体验中心，将整个生产流程展示给游客，并根据游客的个性化需求，让游客亲自体验制作。或者可以将旅游商品制成半成品，由游客参与制作，将最终产品出售给游客。这种体验营销方式能让游客了解其制作工艺，加深他们的文化认同，从而提高营销效率。

全聚德的"点鸭坯"许多人可能都听说过。服务员请顾客用毛笔和调料在未烤的鸭坯上写一两个象征吉祥的字。等鸭子烤好，顾客可以通过字迹检验鸭子，增加了顾客的体验感与兴趣。全聚德据此还进一步成立了"全聚德婚庆工作室"。与其他婚礼不同的是，全聚德式的婚礼特别增加了"点鸭坯"环节，新娘和新郎共同在鸭子身上写上象征甜蜜爱情的语言，增加了婚礼的趣味性与纪念意义。因此，国内外的旅游者到北京时，都希望能够品尝全聚德的烤鸭。这种营销方式不仅让游客参与到商品的选购环节中来，而且可以让游客了解到企业独到的经营理念和文化。

三、电子商务背景下旅游商品销售策略

（一）旅游商品电商销售模式的优势

1. 购物的便利性

电子商务这种新型的商业模式的兴起，一大优势是消除了时空对商品交易的局限，为消费者购物带来了很大便利。游客只需要借助一台电脑或手机便可以随时随地进行购买，不必亲自到实体店进行选购。通过网络平台，旅

游者可以更快速地获得准备购买商品的详情,从而在客户端或网站上广泛地进行质量、价格等多方面的比较,择优购买。

2. 方便快捷的信息服务

生动直观的网络信息,既可以快速更新又可以重复使用。旅游商品的电商销售模式与传统销售模式相比,又一大优势在于其快捷的信息服务能力。在信息爆炸的时代,网络已逐渐变成人们获取信息的重要渠道,在日常生活中人们对于网络的依赖程度越来越高,因此,旅游商品经营者应该以此为契机,利用销售策略,通过网络渠道和各大电商平台向广大旅游者介绍旅游商品,宣传其文化内涵,激发游客的购买欲望。

3. 销售成本较低

由于旅游商品电商销售模式是以网络为媒介进行的,所以它不受时空等其他客观因素的限制,从而可以在很大程度上节省旅游商品的宣传成本、门店费用及其他各项开支。同时,旅游商品经营者借助电商平台直接与旅游者进行交易,从而大大减少了旅游商品的流通环节,降低了成本。由此可见,旅游商品采用电商销售模式在很多方面都可以降低其销售成本。旅游者还可以凭借商家对旅游商品的直播、详情展示,更为直观地了解商品,最终在直播现场下单,大大提高了交易效率。

(二)旅游商品电商销售的策略

1. 与时俱进,创新经营管理和服务理念

由于科技的发展,互联网技术得到广泛的应用。互联网也使得国内外的企业与客户的联系日益紧密,商业网络也日益发达。所以,企业一定要抓住

科技发展的机遇，重视电商的发展。在管理上，着重改变管理方式，力争实现创新。转变管理重点，通过旅游商品销售的网络化来提升经济效益。因此无论是商家，还是消费者，都能成为网络时代的受益者。例如，北京故宫博物院线上产品销售主要分为三个途径，分别是故宫商城、故宫淘宝和故宫博物院文创旗舰店。故宫商城主要售卖更为传统的旅游商品，如印刷有故宫文化元素的明信片、吉祥物、笔记本等。故宫淘宝店以灵动活泼、卖萌风格的文创产品为主，如冷宫冰箱贴、容嬷嬷针线盒等。故宫文创天猫旗舰店则含文创精品、故宫出版、故宫票务三大板块。

2. 扩展销售渠道，实行全网营销

在日益庞大的电商消费者市场和"互联网+"商业模式浪潮的推动下，传统企业进军电子商务领域似乎已成必然选择。若想提高旅游商品的销售率，商家应充分利用电商平台，建立多层次、多维度的销售网络，实行全网营销，这是拓宽旅游商品销售市场的关键。在完善实体经济的同时，应大力发展电子商务，实现线上线下完美对接，对游客购物方式进行创新。另外，借用微信或短视频平台（如抖音、快手等）进行商品的宣传与促销，扩大旅游商品的影响范围。探索跨界新电商模式，促进旅游电商与传统经营方式的优势互补，实现双赢。

3. 注重专业人才培养

培养专业的销售人才是发展旅游商品电商的核心，其发展的成熟度是我国旅游业竞争力强弱的重要决定性因素。目前旅游商品经营者借助电商平台进行销售还处于发展初期，为推动其蓬勃发展，除了依靠国家的大力扶持以外，经营者应该注重专业人才的培养。首先，需要加强电商培训，转变旅游商品经营者的旧有经营观念，使相关人员熟练掌握电子商务技能，打造出一支专业过硬、技术精湛的电商队伍。其次，要鼓励当地高等院校，开设电子商务相关的课程，鼓励在校学生开展关于旅游商品电子商务的创新创业实践。最后，还可以采用高薪引进旅游商品电商专业人才的办法，把选拔人才和培养人才巧妙地结合起来，为旅游商品的网络销售提供坚实的智力支撑。

4. 推动线上线下的合作互补，协调发展

将线上线下资源进行整合。实现线上线下一体化的重要手段就是线上产品与线下产品的合作互补。线上电商要充分利用线下实体店的优势让游客零距离接触所售商品，同时要让旅游者感受到优质服务；线下实体店要依靠线上强有力的推广宣传，加强实体店旅游商品知名度的宣传。旅游者在线进行支付，通过物流收到所购商品，并且可以把购买体验以及商品的评价进行在线分享，这种线上、线下的积极合作，既充分利用了资源，又实现了双方共赢。旅游商品电商销售模式是对实体经济的补充与升华，而非全盘否定，因为传统经营模式在某些方面的优势是线上平台不能比拟的。所以，在旅游商品销售的发展过程中，既要充分运用电子商务，又要辩证地对待传统的经营方式，二者兼顾、协调发展。

5. 准确定位目标市场，培养顾客的忠诚度

由于游客通过旅游商品电商销售模式能够广泛地进行质量、价格等多方面的比较，择优购买，其选择更加多元化，这必然导致旅游者对旅游商品的忠诚度降低。为提高旅游商品的购买力，商家应准确定位客源市场，明确目标市场的客户群。并针对目标客源市场的需求，在充分传承地域文化和保留本土特色的基础上，融入现代元素、运用现代技术，创新性地升级或重新打

造符合现代人审美情趣和情感需求的实用性旅游商品。由于旅游商品具有纪念性、艺术性和实用性等特点，旅游商品经营者应把握好游客购买旅游商品的原因，并从情感差异化角度来更新和打造旅游商品，培养顾客的忠诚度。

第六章 旅游商品知识产权及其保护

第六章 旅游商品知识产权及其保护

第一节 旅游商品知识产权

一、知识产权

知识产权，或称"知识所属权"或"智力成果权"，是指权利人对其智力劳动所创作的成果享有的财产权利，是关于人类在社会实践中创造的智力劳动成果的专有权利。知识产权，在本质上属于无形财产权的范畴，是一种创造性的智力劳动成果。早在17世纪中叶，法国学者卡普佐夫首次提出知识产权（Intellectual Property）的概念，当时称为"知识财产所有权"。1967年世界知识产权组织将知识产权定义为"智力创造的成果"的专有权利，其内容主要包括专利、版权、商标、商业秘密、工业品外观设计以及地理标志。2015年世界贸易组织（WTO）发布《与贸易有关的知识产权协定》（TRIPS协定），其中对知识产权做出定义：公民或法人对其在科学、技术、文化、艺术等领域的发明、成果和作品依法享有的专有权，即人们对自己创造的智力成果所依法享有的权利。TRIPS协定为知识产权划分了八个类型：版权及相关权（邻接权）、商标权、专利权、集成电路布图设计权、地理标志权、工业品外观设计权、控制技术许可中反竞争行为的权利，保护未公开信息的权利。

《中华人民共和国民法典》中共有52条涉及知识产权的条款，对知识产权制度的发展和完善具有重要的引领和示范作用。《民法典》第一百二十三条规定：民事主体依法享有知识产权。知识产权是权利人依法就下列客体享有的专有的权利：（一）作品；（二）发明、实用新型、外观设计；（三）商标；（四）地理标志；（五）商业秘密；（六）集成电路布图设计；（七）植物新品种；（八）法律规定的其他客体。

二、旅游商品知识产权

（一）旅游商品知识产权的内涵

旅游商品知识产权从内容上可以划分为三种类型：著作权、商标权和专利权。

第一，旅游商品的著作权。部分旅游商品是设计者个人的原创性的文学、艺术和科学作品，旅游商品中凝聚了设计者的独立思考，融入了设计者的独特感情，这一类旅游商品的知识产权理应受到法律的保护。按照我国法律规定，具有原创性的作品受《著作权法》的保护。原创性的旅游商品在其开发、设计、生产和经营过程中，很多环节都涉及作品著作权的法律保护，如旅游商品的创意设计、品牌形象、以地域特色为基调创作的诗歌、小说、散文、歌曲、舞蹈、绘画等文艺作品及其衍生出的旅游商品，都可以通过著作权予以法律保护。旅游商品的开发、设计、生产和经营过程中的许多环节都与著作权保护紧密相关，例如，精品菜肴、名贵药材及制品、特色工艺品及原生态手工艺品等，但是很难通过现有的著作权法对其进行有效法律保护，所以需要通过立法和司法解释来解决这一问题。世界上很多国家都已出台多项法律来保护本国的特色工艺品的知识产权。

第二，旅游商品的商标权。商标，英文为"trade mark"或"brand"，是区别不同企业的有形产品或无形服务产品的标记。在现代激烈的市场竞争中，旅游商品的生产者和经营者都非常重视旅游商品的品牌和形象，因为由此可以将本企业的商品与其他企业的商品有效区别开来，而旅游商品的商标是品牌和形象的重要载体，所以，商标权具有非常重要的价值。随着社会的不断发展，旅游商品的生产厂商和旅游商品消费者之间的距离越来越疏远，导致旅游商品消费者很难通过辨别商品的生产厂商来购买旅游商品。由于商标可以帮助旅游商品消费者识别商品，因而商标的作用就突显出来。商标所蕴含的信誉保证对于旅游商品消费者来说，发挥着无形的"招徕"作用，商标能够在短时间内建立起经营者和消费者彼此信任，这一点对于旅游商品的市场营销来讲尤为重要。旅游业所提供的产品和服务是多元化的，因此旅游企业只要注册一个企业商标，其所生产和经营的旅游商品就可以间接地依托本旅游企业来开发、设计和批量生产，旅游商品的知识产权就可以得到有效的法律保护。

第三，旅游商品的专利权。在我国的法律理论体系中，"专利"有三种含义：一是专利文献，包括说明书、权利要求书等；二是专利技术，是指获得专利法保护的由专利权人垄断使用的技术；三是专利权，指专利权人依据《中华人民共和国专利法》所享有的权利，即在专利的有效期内专利权人所享有的排他性的权利，他人不得未经许可擅自为经营目的而使用。在旅游商品的设计环节，旅游商品的外观设计是非常重要的一个组成部分，而外观设计容易被抄袭和仿制，所以旅游商品生产和经营企业要重视外观设计的专利申请。《专利法实施细则》第二条第三款规定："专利法所称外观设计，是指对产品的形状、图案或者其结合以及色彩与形状、图案的结合所做出的富有美感并适于工业应用的新设计。"由此可见,专利法保护的外观设计是美学意义上的设计。旅游商品的专利权方面存在的问题主要在旅游商品开发与美学设计方面,如旅游商品的外观设计、旅游商品(如特色旅游食品、特色菜肴)的原材料配方、旅游商品生产工艺流程、旅游商品的包装设计等,旅游商品生产和经营企业应注重外观专利的申请,避免被仿制。具体来讲,旅游商品的专利权保护,主要有对实用性旅游商品的专利保护和对外观设计型旅游商品的保护两个类型。相对于实用性旅游商品的专利保护,外观设计的专利性保护更为重要。旅游商品生产和经营企业要通过法律途径保护旅游商品的营销渠道,争取在侵权行为发生前就先行阻断剽窃创意行为的发生。

(二)侵害旅游商品知识产权的负面影响

侵害旅游商品的知识产权,会造成非常严重的负面影响。一方面,会造成旅游商品企业不愿从事创新的工作。由于高成本的旅游商品设计非常容易被窃取和仿制,旅游商品知识产权容易被侵犯,而不被追究法律责任,导致原创设计的积极性受到很大的打击,大部分设计就是简单流于形式,比如只是简单换个图片。旅游商品的设计趋于简单,设计成本就随之降低,创新程度也就随之降低。旅游商品的品牌是有生命的,是需要延续和发展的,所以需要不断创新。另一方面,会导致旅游商品企业在创新方面不思进取。部分旅游商品企业"打擦边球",进行所谓的借鉴模仿,往往在销售上也颇有收益,而一旦企业习惯这种"山寨的思维",就会在新产品开发上不思进取,看到市场上的畅销产品就想如法炮制。这样的行为会影响旅游商品行业集体的创新氛围,不劳而获、急功近利的不良风气会蔓延开来,难以扭转。

侵害旅游商品知识产权是全球性的问题,在我国这种现象也普遍存在。

其原因有很多，而主要原因是有关部门对违法行为打击不力，包括取证难、受理难、裁决周期长、多头执法、处罚过轻等。上述原因造成了侵犯旅游商品知识产权行为很难被快速制止，侵犯知识产权者的违法行为被追究责任的概率低，其违法成本就非常低，从而客观上纵容了侵犯旅游商品知识产权的违法行为。

当今时代的通信技术高度发达，信息传播媒体丰富多样，信息传递速度空前提高。一方面，使得侵犯旅游商品知识产权在技术上更加容易实施。另一方面，侵犯旅游商品知识产权的行为也更容易被发现，行为主体更容易被找到，知识产权更容易得到保护。由此可见，信息技术的飞速发展是双刃剑。中国旅游商品的创新发展和品牌建设能否真正实现，依赖于旅游商品知识产权的保驾护航。一方面，是全社会能否真正意识到知识产权的重要性，在政策上、制度上和法律上有效地保护旅游商品知识产权，要在思想意识上加强宣传旅游商品的知识产权保护。另一方面，要在实际行动上强化知识产权法律保护的执法工作，侵犯旅游商品知识产权的违法行为一经查出，必须依法予以严厉打击。

 旅游商品开发与设计

第二节 旅游商品知识产权保护

一、旅游商品知识产权保护的内涵

旅游商品知识产权保护是指当旅游商品的知识产权受到侵害时,根据法律规定所应采取的维护权利人正当权利的措施。随着旅游商品知识产权保护法制进程的不断加快,我国为旅游商品知识产权提供了多层面的保护途径,除了旅游商品知识产权人自我保护意识的加强以外,国家通过民事、行政以及司法等途径对权利人提供了多渠道的保护。

(一)旅游商品知识产权的民事保护

旅游商品知识产权的民事侵权责任,是民事主体因对他人的旅游商品知识产权实施侵权行为而应承担的民事法律后果。在我国的法律体系中,通常将民事侵权责任规定为一种"债"的关系,即受害人与加害人之间的以请求赔偿与给付赔偿为内容的权利义务关系。

(二)旅游商品知识产权的行政保护

旅游商品知识产权的行政保护,是知识产权行政管理机构所赋予的一种救济途径。为了保证旅游商品知识产权权利人依法享有各项权利,法律赋予各行政管理机构一定的行政管理权,并有权对侵犯知识产权的行为做出一定

的处罚,从而保证知识产权法律法规在实际生活中得到贯彻和执行。旅游商品知识产权的行政责任主要有:①惩罚性行政责任,主要采取通报批评、行政处分等方式;②强制性行政责任,主要采取强制划拨、执行惩罚等;③补救性行政责任,主要采取赔礼道歉、承认错误、恢复名誉、消除影响、恢复原状、撤销违法、纠正不当、返还权益、行政赔偿等方式。

(三)旅游商品知识产权的刑事保护

旅游商品知识产权的刑事保护,是由享有旅游商品产权的产权人向法院对侵权人提起刑事诉讼,追究侵权人的刑事法律责任,保护产权人的合法权益。旅游商品知识产权的刑事责任是侵犯旅游商品知识产权的行为人因其犯罪行为所必须承担的由司法机关代表国家所确定的法律责任,负刑事责任就要受刑罚处罚。

二、旅游商品知识产权保护的意义

(一)旅游商品知识产权保护是满足旅游市场需求的重要条件

旅游市场供给能否有效满足旅游市场需求,是衡量旅游业发展水平的主要标准之一。旅游商品是旅游市场供给的重要组成部分,因而是旅游业发展水平的影响因素之一。旅游购物是大部分游客外出旅游的重要内容,旅游商品具有很强的纪念性,承载着旅游者美好的旅游记忆。物美价廉的特色旅游商品一直备受游客青睐,具有巨大的市场潜力。而粗制滥造、山寨侵权的旅游商品是旅游商品市场乃至整个旅游行业中的一颗毒瘤。所以,加强旅游商品知识产权保护是高质量旅游市场供给、有效满足旅游市场需求、保护旅游商品企业和旅游商品消费者双方利益的重要条件。

 旅游商品开发与设计

(二) 旅游商品知识产权保护有利于提高旅游企业创新的积极性

旅游商品开发与设计要考虑艺术设计、消费经济和地域文化等方面因素。旅游商品创新设计的内容包含多个层面需要综合思考，以达到实用、艺术、市场、文化、地域等多重效用。因此，旅游商品的原创性开发与设计是一项需要投入大量的人力、物力和财力资源的系统性工程。在旅游商品知识产权法律保护不健全的情况下，花费巨大投入开发设计的旅游商品很容易被抄袭和仿制，旅游商品企业的创新积极性被严重打击，影响了旅游商品的推陈出新，进而影响旅游商品消费者的购买欲望和旅游商品市场的购买力。所以全行业都应该呼吁旅游商品知识产权的有效法律保护，以切实提高旅游商品企业对于产品创新的积极性，从而开发设计和生产大批高品质的旅游商品。

(三) 旅游商品知识产权保护有利于树立品牌、扩大旅游区知名度

旅游商品的质量是旅游商品消费者关注的焦点，尤其是对于价位高的旅游商品。质量是旅游商品赖以生存和发展的生命线，是旅游商品品牌形象的重要载体。改革开放以来，旅游商品经济得到飞速发展，而旅游商品知识产权法制化进程相对滞后，部分旅游商品的知识产权通常得不到有效的法律保护。很多原创性的、高品质的品牌旅游商品被轻而易举地复制，以假乱真，严重损坏了正品旅游商品的品牌形象，对旅游目的地的品牌形象也造成了负面影响。出台相关法律，加强旅游商品的知识产权保护，是旅游商品树立良好的品牌形象、提升游客的旅游体验、有效提高旅游目的地的知名度和美誉度的重要途径。

(四) 旅游商品知识产权保护是优化旅游产业结构的基础

旅游购物是旅游产业六大要素之一，旅游购物收入是旅游业收入的重要

组成部分，旅游购物收入占旅游总收入的比重是衡量旅游业发展水平的重要依据。目前我国旅游产业需要提质升级，其中一个重要的内容就是旅游商品的原创性开发与设计，而旅游商品知识产权的有效保护是最重要的保障。

三、旅游商品知识产权保护的有效途径

（一）提高政府对旅游商品知识产权问题的关注度

当今是知识经济时代，旅游商品的知识产权是旅游企业重要的无形资产，旅游商品的知识产权保护是旅游业健康快速发展的重要保障之一。随着我国旅游业的飞速发展，在取得巨大成就的同时，也出现了很多方面的问题，其中旅游知识产权方面的问题比较突出，导致产业结构不合理。这一现象已经引起了各级政府的高度重视，但是由于旅游业的问题很多，纷繁复杂，所以对旅游商品知识产权保护的重视程度还不够，还不能对知识产权体系建设提供重要支撑。只有各级政府加大投入，加强旅游商品知识产权的研究工作，切实制定相关政策，加快专业人才队伍建设，加大面向全社会的宣传力度，才能从根本上推动旅游商品知识产权法律制度的完善，为健全旅游商品的知识产权体系提供政策保障。

（二）完善旅游商品知识产权的立法工作

旅游商品知识产权的有效保护在根本上需要通过法律途径来实现。旅游商品的知识产权具有法律确认性，意味着法律范围之外的智力成果权利不构成有效的知识产权，所以对旅游商品知识产权实行有效保护的首要任务是完善立法工作。在国际范围内，我国的知识产权制度的建立时间比较晚，但是在短时间内取得了长足的进步。我国只用了短短十几年的时间，走过了发达

国家之前走了几十年乃至一百年走完的路程。但是，对于旅游商品知识产权的法律保护，道路还很漫长，这是一个锁链式的工程，其中重要的一环就是立法工作。

（三）加强旅游商品知识产权的行政和刑事保护

建成完善的旅游商品知识产权法律法规体系只是做到了有法可依，奠定了良好的基础，而法律的有效实施才是最终目的。作为旅游商品知识产权法律保护实施的主管机构，行政机关和司法机关要做到有法必依、执法必严、违法必究。知识产权的法律保护是世界性课题，既有共性，又有个性。国际上多数国家知识产权保护主要是通过法律与手段进行的，但是我国的情况有特殊性。根据我国专利法、商标法和著作权法的规定，对于商品的知识产权，除了采用司法手段保护之外，还可以采用行政手段进行保护，实施的机构主要有专利管理机关、工商行政管理机关和著作权行政管理机关。加强旅游商品知识产权行政保护的途径有：完善知识产权行政保护的法律规范体系，使行政保护有法可依；整合知识产权行政保护的管理分工，使行政保护协调有序；加强知识产权行政保护的信息化建设，使行政保护高效透明。

（四）强化旅游管理中的商品知识产权管理

当前我国部分旅游行政管理部门将工作重点放在对旅游产业规划和旅游产品开发方面，而对旅游商品知识产权保护的投入相对不足。旅游企业纠纷、侵犯知识产权的事件时有发生。因此，在旅游行政管理领域，要与时俱进，调整思维，高度重视对旅游商品知识产权的保护，加大人力、物力和财力的投入力度，营造优质的商业环境，为旅游商品原创性开发保驾护航。

（五）提高旅游商品知识产权保护意识

旅游商品知识产权保护不仅是司法部门和行政管理部门的工作，同时还需要得到全社会的广泛支持，需要提高旅游商品从业人员的自我保护意识，并将知识产区的自我保护与法律保护有机结合。在旅游商品企业内部，从企业最高领导到基层员工，全体人员都要学习、掌握和运用旅游商品知识产权保护的相关知识，以自我保护为主，法律保护为辅。旅游商品从业人员要增强维权意识，对侵犯自己旅游商品知识产权的行为不能视而不见，应该拿起法律武器，维护自身的合法权益。旅游商品企业不能完全依靠法律这一种途径去维护自己的知识产权，应该发挥自身的主观能动性，把知识产权的自我保护与法律保护有机结合，以自我保护为主，法律保护为辅。旅游商品企业要主动采取措施，对可能受到的侵权做好预判，未雨绸缪。

（六）发展旅游商品知识产权保护的"德治"

在旅游商品知识产权保护中，同样要有"法治"和"德治"相结合的思想，将中华民族传统美德承接下来，并赋予新的内容，用社会主义道德的力量，驱动知识产权法律建设，在全社会中形成"尊重知识，尊重知识产权"的局面。针对我国旅游商品知识产权保护中存在的问题以及目前我国的国情，要加强知识产权保护，首先仍需强化法律手段，在加大惩罚力度的基础上，充分体现法律的威慑力。其次，要从根源上解决旅游商品知识产权保护的问题，必须在知识产权保护中采用"德治"，加强"德治"。

参考文献

[1] 刘爱珍. 现代商品学教程 [M]. 上海：立信会计出版社，2001.

[2] 钟志平. 旅游商品学 [M]. 北京：中国旅游出版社，2005.

[3] 钟志平. 旅游购物理论与开发实务 [M]. 北京：中国市场出版社，2005.

[4] 石美玉. 旅游购物研究 [M]. 北京：中国旅游出版社，2006.

[5] 方百寿. 旅游商品学 [M]. 北京：机械工业出版社，2008.

[6] 邹本涛，赵恒德. 旅游心理学 [M]. 北京：中国林业出版社，2008.

[7] 杨瑞洪，刘晓平，唐平. 旅游工艺品设计与制作 [M]. 沈阳：辽宁美术出版社，2011.

[8] 方百寿，沈丽晶，张芳芳. 旅游商品与购物管理 [M]. 北京：旅游教育出版社，2011.

[9] 李刚. 旅游心理学 [M]. 北京：交通大学出版社，2013.

[10] 孟旭. 旅游商品经营与开发 [M]. 长春：东北师范大学出版社.2014.

[11] 周武忠，等. 中国当代旅游商品设计研究 [M]. 中国旅游出版社.2014.

[12] 吴朋波. 旅游纪念品设计 [M]. 北京：人民邮电出版社，2014.

[13] 山杉. 旅游商品概论 [M]. 北京：中国旅游出版社，2014.

[14] 李金华. 旅游商品及其采购管理 [M]. 北京：经济管理出版社，2016.

[15] 梁留科. 旅游商品创意与设计 [M]. 北京：科学出版社，2016.

[16] 高建强，孙磊. 旅游商品包装设计 [M]. 北京：中国农业科学技术出版

社 .2016.

[17] 骆高远 . 中国文化旅游概论 [M]. 杭州：浙江大学出版社，2017.

[18] 刘敦荣 . 旅游商品学概论（第 2 版）[M]. 北京：首都经济贸易大学出版社，2018.

[19] 李金领主编 . 旅游商品营销与设计 [M]. 北京：中国纺织出版社，2018.05.

[20] 车婷婷 . 民族地区旅游商品创新开发研究 [D]. 兰州：西北师范大学，2005.

[21] 李萌 . 旅游购物品开发与经营创新探讨 [J]. 商业时代，2007（18）：27-28.

[22] 王增强，闻建华，周静 . 论旅游商品的知识产权保护 [J]. 资源开发与市场，2008（01）：83-85.

[23] 严宽荣，吕敏 . 旅游商品体验式营销途径分析——以九江市为例 [J]. 江苏商论，2010（04）：74-75.

[24] 杨美霞，周国海 . 旅游商品开发与经营中的知识产权保护 [J]. 社会科学家，2011（02）：81-83.

[25] 吕敏 . 旅游商品销售导向下的旅游商品发展探讨 [J]. 科技信息，2011（36）：85-86.

[26] 侯昕荣 . 中日旅游商品包装设计比较研究 [D]. 苏州：苏州大学，2011.

[27] 王璐 . 长沙市旅游商品开发研究 [D]. 长沙：湖南师范大学，2011.

[28] 张广超 . 海南旅游商品包装设计研究 [D]. 海口：海南大学，2012.

[29] 余珍珍 . 新疆旅游商品开发研究 [D]. 乌鲁木齐：新疆大学，2012.

[30] 陈玲宇 . 基于文化创意的民族地区旅游商品开发研究 [D]. 武汉：中

南民族大学，2013.

[31] 冯琛琛. 低碳设计理念下的包装设计在旅游商品中的应用 [D]. 南昌：陕西师范大学，2013.

[32] 刘海燕. 甘肃旅游商品开发研究 [D]. 兰州：西北师范大学，2013.

[33] 邵小明，张莹. 河南省旅游商品开发新模式探究 [J]. 市场论坛，2014（05）：85-86.

[34] 赵秋静. 重庆旅游商品开发研究 [D]. 重庆：重庆师范大学，2014.

[35] 刘任力. 肥城桃文化旅游商品创意与深度开发研究 [D]. 兰州：西北师范大学，2014.

[36] 李广海. 崂山风景区旅游商品开发研究 [D]. 青岛：中国海洋大学，2014.

[37] 余云. 旅游群体对旅游购物行为的影响 [D]. 大连：东北财经大学，2014.

[38] 王柱. 新疆少数民族特色旅游商品产业化开发研究 [D]. 乌鲁木齐：新疆大学，2014.

[39] 肖美娟. 游客感知视角下的大理白族聚居区旅游商品开发研究 [D]. 长沙：湖南师范大学，2014.

[40] 黄雪晶. 河南旅游商品开发研究 [D]. 武汉：中南民族大学，2015.

[41] 王超. 贵州旅游商品开发路径的研究 [J]. 四川旅游学院学报，2016（03）：84-87.

[42] 陈锦霞. 基于情感化的旅游商品设计研究——以广西旅游商品设计为例 [J]. 工业设计，2016（05）73-74.

[43] 肖龙飞. 谈旅游商品设计中的同质化问题 [J]. 艺术教育，2016（11）：

260–261.

[44] 武其楠. 贵州民族村寨文化旅游商品创新开发研究 [D]. 贵阳：贵州大学，2016.

[45] 朱玉晶. 天津市西青区文化创意旅游商品开发策略研究 [D]. 天津：天津大学，2016.

[46] 梁焱. 基于质量溯源技术的景区旅游商品开发探究 [J]. 中国新技术新产品，2017（04）：124-125.

[47] 朱新莲. 地方文化视角下赣南旅游商品包装设计特点研究 [D]. 南昌：江西师范大学，2017.

[48] 武刚. 哈尔滨市旅游购物行为与满意度研究 [D]. 昆明：云南财经大学，2017.

[49] 陈晨仙. 清迈与西双版纳地方性旅游商品开发的对比研究 [D]. 昆明：云南师范大学，2017.

[50] 谭曼. 西部民族地区旅游商品知识产权创新路径探索 [J]. 法制与社会，2018（21）：217-219.

[51] 范建永. 智慧旅游产业知识产权工作体系建设的几点思考 [J]. 中国发明与专利，2019（06）：27-32.

[52] 武鹏宇. 洪洞大槐树景区的旅游购物研究 [D]. 太原：山西大学，2019.

[53] 冷益苗. 湖湘文化背景下长沙非遗棕编旅游商品品牌包装设计研究 [D]. 株洲：湖南工业大学，2019.

[54] 许艳波. 丽江纳西族东巴文化旅游商品开发研究 [D]. 昆明：云南大学，2019.

[55] 孟悦. 电子商务背景下凉山旅游商品销售策略分析 [J]. 四川省干部函

授学院学报，2020（01）：36-39.

[56] 李坤洋. "非遗"保护传承视角下蜀锦旅游商品的开发研究 [D]. 贵阳：贵州师范大学，2020.

[57] 邱黎玲. 浙江省遂昌县旅游商品开发研究 [D]. 兰州：西北师范大学，2020.

[58] 张文馨. 中国游客赴泰国曼谷旅游购物消费行为研究 [D]. 大连：大连海事大学，2020.

[59] 陈斌. 质量应成为旅游商品最大资源 [N]. 中国旅游报，2014-11-07.

[60] 陈斌. 知识产权保护薄弱制约旅游商品发展 [N]. 中国青年报，2015-08-27.

[61] 王诗培. 旅游商品开发要持续挖掘IP价值 [N]. 中国旅游报，2018-07-30.

[62] 陈斌. 创新是旅游商品高质量发展的终极法宝 [N]. 中国旅游报，2019-12-30.